教育硕士教学案例集

淮北师范大学教育硕士案例教学课题组 编

中国矿业大学出版社

内 容 简 介

本书共收集了18个典型案例，涵盖教育管理、小学教育、学前教育、心理健康、特殊教育、学科教育教学等方向，供教育硕士教学使用。这些案例的编写遵循了真实性、典型性、客观性、兴趣性等原则，力求紧密结合教育硕士专业学位研究生教育教学需要，服务于教师的教和学生的学，促进学生对相关理论、相关知识的掌握学习，培养学生理论联系实际的能力。这些案例所涉及的课程主要是教育硕士的专业课程，适于从事研究生教育教学与指导的高校教师、校外导师以及教育类的研究生阅读和参考。

图书在版编目(CIP)数据

教育硕士教学案例集 / 淮北师范大学教育硕士案例教学课题组编. —徐州：中国矿业大学出版社，2018.7

ISBN 978-7-5646-4055-2

Ⅰ.①教… Ⅱ.①淮… Ⅲ.①教育学－教案(教育)－研究生教育 Ⅳ.①G40

中国版本图书馆CIP数据核字(2018)第164863号

书　　名　教育硕士教学案例集
编　　者　淮北师范大学教育硕士案例教学课题组
责任编辑　孙　浩
出版发行　中国矿业大学出版社有限责任公司
（江苏省徐州市解放南路　邮编 221008）
营销热线　(0516)83885307　83884995
出版服务　(0516)83884895　83884920
网　　址　http://www.cumtp.com **E-mail**:cumtpvip@cumtp.com
印　　刷　江苏凤凰数码印务有限公司
开　　本　880×1230　1/32　**印张** 7.875　**字数** 204 千字
版次印次　2018年7月第1版　2018年7月第1次印刷
定　　价　30.00元

目　录

不快乐的学生

摘　要：作为一名班主任，工作细致、不厌其烦绝不是一句空话，这是班主任必备的素质。在一次学校组织的"生活快乐度"调查中，初一年级有一名同学在问卷中表示自己不快乐。经过调查，这名同学的父亲罹患癌症似乎成为他不快乐的最好解释。就在此时，初三年级一名学生的离校出走把这两件似乎毫不相关的事情联系在一起了。这名即将毕业的初三学生被家长举报涉嫌敲诈学生钱款，而被敲诈的对象就是那个自称不快乐的初一学生。由于班主任当时处理失当，这名学生死不承认敲诈事实并离校出走，给学校造成工作被动。因为没有确凿的证据，这名初三学生在家长的庇护下，

作者简介：刘哲（1982～），女，山东曲阜人，就读于淮北师范大学教育学院，教育管理硕士，研究方向教育管理。张振威（1991～），男，山东聊城人，任教于山东省聊城市莘县第一中学，研究方向为教育管理。孙秀芹（1978～），女，山东聊城人，任教于山东省聊城市莘县莘亭街道办事处中心小学。李桂荣（1968～），女，山东聊城人，任教于山东省聊城市莘县教师进修学校。

编制说明：作者对案例涉及的学校名称、人员做了必要的掩饰性处理；本案例仅供教学讨论之用，无意提倡或暗示某种管理理念、方法或体制比其他管理理念、方法或体制更为有效或合理。

表现得很嚣张，要求学校道歉为他恢复所谓的名誉。最后，在警方协调下，依法行事，最终妥善解决了这一棘手的事情。班主任要善于透过现象看出本质，准确判断学生的内心活动，捕捉他们的真实思想，窥探他们的心灵奥秘。而心灵的外在表现，有时含而不露，有时稍纵即逝，很难捉摸。班主任必须练就一双慧眼，根据学生一时的面部表情，某一姿态，某一突然动作，某句话语，某个眼神，甚至某一不平常的笑声、叫声，迅速捕捉到心灵的电波，把学生此时此境的思想情绪和内心情感看个清清楚楚，明明白白，以便抓住最佳教育时机，运用最佳教育方法对学生进行教育和引导，取得最佳教育效果。

网络上热播的安徽亳州蒙城群殴老师事件引起了广大一线教育工作者的震惊，现在的孩子究竟都怎么了？但是，既然选择了做一名教师，教书育人就是我们不可推卸的责任。作为一个即将成为教育工作者的人，笔者对此有很多思考。德育工作需要再细心、耐心一点。正如赞科夫所说的那样："对于一个有观察力的教师来说，学生的欢乐、兴奋、惊奇、疑惑、恐惧、受窘和其他内心活动的最细微的表现，都逃不过他的眼睛。一个教师如果对这些表现熟视无睹，就很难成为学生的良师益友。"德育工作需要以爱为前提。著名儿童教育家孙敬修说："教师要热爱学生，应把学生看成是自己的儿女手足，对他们的关心、热爱和责任感还应超过自己的儿女手足。有了这种感情，才能把每一个学生培育好。”一个班主任如果对学生漠不关心，那么热爱学生就是一句空话。德育工作要学会应对纷繁复杂的教育现状。当今的社会正处在转型时期，学校德育的对象是跨世纪的一代青少年，“新新人类”——他们生活在新的时代，拥有属于他们自己的思想意识、思维方式。纷繁复杂的社会现象对在校学生产生了极大的影响，成人的思维，特别是价值趋向的变化，这些都对青少年产生很大的影响，德育工作也就面临着新的挑战。德育工作需要运用智慧，依法行事。当代青少年因受各种因素的影响出现典型的早熟，学校德育教育还不能完全与学生心理变化相适应。随着社会的发展，新时期德育工作越来越呈现其复杂性，我们的教育对象发生了深刻的变化。我们德育工作者要清醒地认识到社会转型时期德育工作的性质、特点和规律，更新观念，大胆探索，脚踏实地，秉着对教育对象的关爱之心，再多一分耐心与细心，不断提高德育工作的实效性，为孩子们的成长创设优良和谐的环境，使他们的成长之旅充满快乐！

欧阳是一位中学校长，这是发生在他学校里的一个故事。随着当地经济的快速发展，越来越多的外来务工人员来到这个城市打工、定居。外来务工人员的身影常常出现在城市建设的一线，他们为城市的发展默默地贡献自己的力量，而自身的权益却容易被忽视。近年来，国家也相继出台了以改善民生为重点的教育政策，政策中特别强调保障外来务工子女接受平等义务教育，想外来务工子女所想，急他们所急，关爱他们的学习，帮助他们解决一些实际困难。外来务工人员的子女也跟着其父母来到陌生城市，移居到新环境，孩子们在这里将面临很多生活和学习上的困难。当地教育部门要响应国家政策，努力做好外来务工子女就近上学的工作。根据欧阳校长的陈述，这些年来，外来务工人员的子女就读的人数逐年增长。由于务工人员经济基础和文化背景不同，以及各外来务工子女原有教育基础的不同，他们的教育问题成为学校的一个新课题。

在一次学校组织的“生活快乐度”问卷调查活动中（目的是从孩子们在校学习和生活的快乐指数中，发现德育工作中的不足），据负责统计的德育干事说，初一年级只有一个同学在问卷中表示自己不快乐。欧阳校长作为学校分管德育的领导，听到这件事后他还是比较警觉的。本着对教育工作的热忱和负责，他就去班主任那里详细了解这个学生的情况，然后决定去帮助他。当他来到这位同学所在的班级时，正是下课时间，孩子们都在尽情地享受着下课的美好时光，而教室里却有一位同学呆呆地坐在那里，若有所思，脸上写满了不开心，这个孩子明显少了普通孩子的阳光与热情。当欧阳校长靠近他时，他很明显有一种警觉感，似乎不愿意有人接近他。班主任告诉欧阳校长，这是一位外来务工人员的孩子，该同学比较老实，平时少言寡语，下课时也不经常和别的同学去玩，上课老师提问也能回答问题，并且能自觉遵守校纪校规，学习成绩还可以，就是不爱说话，平时几乎不跟同学交往。欧阳校长坐到这位同学身旁，关切地问他为什么在这次的问卷调查中表示自己不快乐呢，可以跟老师聊一聊吗？只见这位同学悄悄地低下了头，沉默不语，显得有些局促不安。班主任补充说，可能是他家庭的缘故吧。前些日子的家访中，班主任了解到他父亲前几年罹患癌症，先前还能打工挣钱，现在只能在一家企业当门卫，母亲在饭店洗盘刷碗，勉强维持生活。家庭条件不是很好，再加上他父亲身体长年不好，造成这位同学一直情绪低落。叔叔觉得这似乎是一个比较能理解的理由，就叮嘱班主任平时多关注一下该同学，多给予一些关爱，同时让各科老师从学习上多鼓励他，生活上多帮助他，使这位同学在校学习能感受到老师、同学对他的关心，感受到学校这个大家庭里的温暖，希望这位同学能尽快从生活中调整自己，重新融入快乐而又紧张的学习中。后来，欧阳校长又去看望了几次，这位同学的精神状态有所好转，和他谈话没有以前那么紧张了。欧阳校长以为这位同学已得到很好的调理，接下来就没有再深入了解这件事了。校长以为已经开导了这位同学，谁知却没有真正走进这个孩子的内心，他的不快乐却另有原因。

其实让欧阳校长头疼的还有初三的一位外来务工人员的孩子王某某，这位同学的情况是父母离异，母亲离婚后远在武汉做生意，没有办法照顾他，于是把他托管给一个远方亲戚。但是王某某也不愿意与亲戚同住，就独自一人租房居住。无人管理使王某某放纵很多，其亲戚多次劝管不仅被当作耳旁风，反而加重了其逆反心理。由于无人监管，该生养成诸多恶习，随意旷课，拖拉作业，网吧留宿，沉迷于游戏。班主任多次和王某某沟通，可是他依旧我行我素，毫无悔改之意。班主任也及时将该同学的情况如实地反映给家长，原以为家长会合力劝王某某改掉这些不良习惯，可其母亲却是一味地袒护，说什么“我每天都和我儿子通话”，“他非常懂事啊，很听话”，“还有最后几个月了，初中毕业后我就带他到武汉来读书了，我也不指望他考什么好成绩”。班主任苦口婆心，方法用尽，然而由于这位母亲的不配合，造成这名同学越来越无视学校纪律，不是逃课就是迟到，班主任拿他也无可奈何。其实，班主任也曾到孩子所去的网吧并告知，不能继续迷恋网络，这是虚伪的，也和网吧老板交流过要限制未成年人上网，网吧老板也同意配合。王某某却因此抱怨说：这不关你的事，我上完初中就不在这了，我妈说给我找工作。面对孩子错误的人生观，班主任也只能惋惜，并为这位母亲错误的引导而感到气愤。在教育管理中，一个孩子的成功，有学校、家庭、社会三方面的合力，这里不仅包含学校老师的辛勤付出，还有家长的配合与鼓励。每次班主任例会上，谈到该同学，班主任都是无奈地摇头说：“这真是一个不定时炸弹，你不知道他什么时候会跟你惹出点事来。”

这看似是两个独立的事情，可是有一天，它们有了交集。

快临近中考时，初三年级组长急匆匆地来汇报说：“王某某同学刚刚又跑回家了。”看年级组长欲言又止的样子，欧阳校长知道这次的旷课有点不同往常，就追问道：“他不是经常这样么，这次又是怎么回事？”在年级组长的叙述中，欧阳校长了解到事情的原委。原来这天一大早，初一年级的一个学生家长直接找到王某某的班主任，向他反映王某某多次敲诈她的孩子，还扬言不许告诉家长，否则让他的日子不好过。据这位家长说："从开学到现在近半年时间，总共敲诈四次，一千多元人民币。平时以为孩子买一些学习用具、课外书，没想到在竟然发生这样的事，有个无人管教的学生竟威胁我的孩子拿钱给他花。我家本来生活状况就不好，他爸身体又不好，我一个人又要打工又要照顾家，就连我们的房子都是租的，这可叫我怎么活呀。"看到这位同学的家长，班主任也是安慰，答应尽快调查此事。根据这个孩子回忆说，要挟他给钱的是一位班级的同学，个子高高的，黑黑的……班主任想了一些班级学生的面孔，最后锁定王某某。他立即来到初三教室门口，把王某某喊出教室，询问最近是否向一位初一的同学要过钱。刚开始面对班主任的质问，王某某矢口否认，拒绝承认。班主任说："好，那你来跟我去一趟办公室吧。"于是，王某某跟着班主任漫不经心地来到办公室。等王某某刚一踏进办公室门，只见初一的那个学生由于王某某的突然到来，害怕似的躲在他母亲身后，战战兢兢地说："就是他，他每天放学后从半道上不让我走，让我拿钱给他，如若不听就使劲地打我。"班主任听到这些，已经大体确定就是这位王某某，立刻火冒三丈，大声训斥："你胆子越来越大了，竟敢敲诈起钱财了，刚才问你还不承认。这是违法行为，是要被拘留的！小小年纪，怎么能做出这样的事，平时教你'团结友爱'都到哪里去了？"王某某被学生和家长当面指证，又被班主任当场训斥，整个人看上去面红耳赤，恼羞成怒，气冲冲地说：

“你们这是诬陷我，我没有做过这样的事，你们有什么证据，为什么要冤枉我，我不上学了。”说完这些，他头也不回地就跑出了校园。听班主任详细汇报完此事的经过后，欧阳校长马上安排班主任联系王某某家长，告知情况并向孩子家长核实，还让班主任立即到王某某的出租屋去把王某某先找回学校，以免发生意外，然后欧阳校长向前来反映情况的家长和那个初一学生作进一步的详细询问并核实。巧的是，当欧阳校长看到那个初一学生时，一眼就认出了他。他就是上次问卷调查中表示自己“不快乐”的那个武某某同学。这让欧阳校长感到非常诧异，怎么能是这位同学？上次明显感觉他有些好转了，怎么今天会是他？欧阳校长在心中打了无数个问号。通过交谈，欧阳校长基本了解了事情的经过。原来，自从武某某升入初中以后，父亲生病，家里经济条件不是很好，又遇上了王某某的威胁，武某某慢慢变得消极、不开心，甚至有厌学的心理。为了不给家里添麻烦，有时武某某就在上学的路上捡一些矿泉水瓶子、易拉罐到废品收购站去卖，把卖来的钱交给王某某。由于王某某最近要得钱数越来越大，武某某无法满足他。那日，正好发现家里有母亲刚发的工资，无奈之下，武某某就拿了暂时交给王某某，心里想等自己攒够了“废品钱”再偷偷还给母亲。可是这件事不巧被母亲发现了，然后才有了接下来他母亲说的话。他母亲气愤地说：“下班回家，想着拿钱交上水电费，不曾想放在家里的钱莫名其妙地就少了，而且一下子少了500元。”本以为家里遭小偷了，在她的一再追问下，武某某才承认是他拿的。原来一开学王某某就盯上了比较老实的武某某，多次敲诈武某某，并威胁不准告诉老师和家长。王某某还非常狡猾，每次都是一个人单独行动，敲诈的地点要么在一个废弃的厕所里，要么就是在半路上，周边都没有监控系统。通过家长气愤的叙述及武某某的回答，欧阳校长基本判断武某某反映的情况是真实的。

据欧阳校长回忆说，他当时一方面愤怒于王某某的胆大包天，一方面也深深责备自己的疏忽，当时在对武某某调查中没有做更详细的工作，没有旁敲侧击看这个孩子是否还有别的困难。可以想象，武某某同学承受了多么大的心理负担，每天提心吊胆地来到学校，迫于王某某的威胁还不敢跟同学、家长、老师说起，他怎么能快乐呢？欧阳校长自惭于当时没有跟武某某深入地交谈，否则或许这个情况就会早日发现了。很快，跑出学校的王某某的情况也反馈过来了。王某某并没有回家，而是自己坐车跑回武汉他母亲那里去了。在得知孩子安全到达武汉后，学校紧接着跟他母亲详细地说了王某某敲诈初一同学武某某这件事。经多方面考虑，学校决定要给王某某一个改过自新的机会，让他把敲诈的钱还给武某某，并且当面向武某某道歉；反之，学校要严肃处理并记入档案。原以为武某某的母亲也会正确引导孩子，帮助他意识到自己的错误，然而出人意料的是，他母亲的态度却极其恶劣，对班主任很是仇视，说是要告班主任，还说学校诬陷她的孩子，扬言要到学校里来讨要说法，还反过来要求武某某家长和班主任在全校师生面前向她的儿子道歉。学校立即联系法制副校长杨警官，并告知事情的来龙去脉，经警方调查、盘问，基本也认定敲诈事实。

后来，王某某和他妈妈从武汉赶过来，面对杨警官及被敲诈同学的指认，王某某供认不讳。原来王某某在网吧及娱乐消费上的钱都是由敲诈武某某处得来。王某某被网络游戏深深吸引，没有电脑只好去网吧玩，在网吧里又遇到了社会上的不良青年，染上了吸烟、酗酒的恶习。因为苦于没有生活费，王某某也跟那些青年有模有样地学会了“敲诈”。刚开始他还有些胆怯，害怕事情暴露，然而由于自控能力薄弱，加上对网络游戏痴迷，于是就盯上了初一的老实憨厚的武某某。有了第一次的得手，王某某胆子越来越大。敲诈的金额也由刚开始的 10 元、100 元，到后来的 500 元。王某某一次次变本加厉地索取，也就有了刚开始的武某某的“不快乐”及其母亲的投诉。法制副校长杨警官对一个还不到 16 岁的孩子的所作所为感到惋惜，帮助每一个犯法的学生改过自新是他的职责，杨警官决定动之以情，晓之以理，对王某某进行教导，使其意识到自己所犯的错误。同时，杨警官又列举了类似案例，那些犯罪青年也是由于好奇心而走上不归路的，这使王某某从内心感到忏悔，意识到自己所犯错误；另外，杨警官又鼓励武某某同学要敢于与此类事情做斗争，不要因为这样的事情而感到怯懦，要勇于去揭发问题。最后，杨警官私下里和王某某的母亲谈话，并告知此事的严重性，使王某某母亲也意识到如果真的依法办事，这件事情对孩子的将来也不是什么光彩的事情。常言道“知错就改，善莫大焉”，教师和家长的职责在于正确的引导，使学生树立正确的人生观、价值观及世界观。随后，警方建议在学校里协商解决，给王某某一个改过自新的机会，学校也安排心理指导老师对其进行耐心梳理指导，使他意识自己所犯的错误并改过，以便顺利完成学业。

在事情处理完毕后，王某某的母亲依旧觉得自己的孩子受了冤枉，认为学校错判，没有真凭实据就冤枉自己的孩子。欧阳校长语重心长地跟王某某母亲解释要勇于面对错误，要给孩子树立良好形象。同时欧阳校长还跟王某某同学说了几句话："作为我校的学生，你是我们保护的对象，但是等你走上社会之后，别人不会像学校这样宽容你的一切行为。我只希望这件事情给你留下的是教训而不是再次犯错的经验"。不知道王某某究竟有没有听进去，只是听欧阳校长回忆，他当时慢慢地低下了头，没有再像以前那样胡乱反驳些什么，或许经历了这件事，他会有些改变，或许在清楚武某某的家庭处境后，会有一丝同情之心。值得庆幸的是，一直到毕业，王某某也没有再骚扰武某某，毕业后王某某也回到了他母亲的身边。

案例思考题

1. 在这个案例中，你认为该校校长和班主任对整件事情的处理有哪些可取之处？又存在哪些问题？

2. "德育工作需要再细心、耐心一点。作为一名班主任，工作细致、不厌其烦绝不是一句空话。"联系本案例，谈谈你对此的理解。

3. 赞科夫说："对于一个有观察力的教师来说，学生的欢乐、兴奋、惊奇、疑惑、恐惧、受窘和其他内心活动的最细微的表现，都逃不过他的眼睛。一个教师如果对这些表现熟视无睹，就很难成为学生的良师益友。”联系本案例，谈谈你对此的理解。

4. 著名儿童教育家孙敬修说：“教师要热爱学生，应把学生看成是自己的儿女手足，对他们的关心、热爱和责任感还应超过自己的儿女手足。有了这种感情，才能把每一个学生培育好。”联系本案例，谈谈你对此的理解。

5. “德育工作需要运用智慧，依法行事。”联系本案例，谈谈你对此的理解。

小太阳幼儿园校车安全事故的来龙去脉

摘　要：2004～2016 年全国共发生 72 起幼儿园校车安全事故，在国家出台了相关政策的背景下，幼儿园校车安全问题并没有得到彻底解决。河南省遂平县北冥镇小太阳幼儿园接送学生的面包车在接送学生途中与一辆大翻斗运煤货车相撞。事故造成 20 人死亡，13 名幼儿重伤，32 名幼儿轻伤。事发当天大雾，公路限速 30 公里/小时，但校车驾驶员安全意识淡薄，左道逆行，同时两车都是超速行驶，其中幼儿园校车时速达到 80 公里；幼儿园私自改装车辆，将 9 座车改为无座，车中的 62 个幼儿园孩子一部分用小板凳坐在车中，一部分孩子站在车中。事发后遂宁县警方说："尽管现场两车

作者简介：刘哲（1982～），女，山东曲阜市人，就读于淮北师范大学教育学院，教育管理硕士，研究方向为教育管理。刘阳（1991～），女，山东聊城人，任教于山东省聊城市莘县朝城镇中心学校，研究方向为音乐教育学。李菊（1988～），女，山东聊城人，任教于山东省聊城市莘县第二实验小学，研究方向为语文教育学。李延国（1979～），男，山东聊城人，任教于山东省聊城市莘县河店镇联校。

编制说明：作者对案例涉及的学校名称、人员做了必要的掩饰性处理；本案例仅供教学讨论之用，无意提倡或暗示某种管理理念、方法或体制比其他管理理念、方法或体制更为有效或合理。

都有刹车印，但经专家判断，相撞时两车时速均在 80 公里左右。”幼儿园校车存在严重安全隐患、交通管理部门敷衍执法、相关教育部门未进行安全检查、司机违规操作、严重超载、校车质量差等诸多因素导致悲剧发生。事故原因与事后处理措施都值得人们反思。

校车为孩子们上学放学提供了便利，但遗憾的是，一些校车不同程度地存在着这样那样的安全隐患，有的用报废车，有的租黑车，有的校车司机责任意识不强，还有的校车严重超载。近些年校车安全事故的不断发生，引起了社会各界的关注。2011 年 11 月 27 日，温家宝在第五次全国妇女儿童工作会议上要求有关部门制定校车安全条例。2012 年 1 月 13 日，《专用校车安全技术条件》《专用校车学生座椅系统及其车辆固定件的强度》两项国家强制性标准通过审查。2012 年 3 月 5 日，“校车安全问题”首次写进政府工作报告。2012 年 3 月 28 日国务院第 197 次常务会议通过《校车安全条例(草案)》文件。2012 年 4 月 5 日，《校车安全管理条例》由国务院公布并实行。条例对校车的管理责任主体、校车使用地区、制定和修订校车安全国家标准的部门、校车驾驶人资格、校车通行安全、校车乘车安全、相关责任等进行了规定。2012 年 4 月 10 日国务院正式发布《校车安全管理条例》。2012 年 5 月 1 日国家标准委发布《专用校车安全国家标准》，明确了校车及座椅系统的各项技术指标和试验方法，更加注重车辆安全性能、车辆配置的人性化、车辆安全管理的可操作性；同时规定幼儿校车的最大乘员数不超过45人，小学生校车和中小学生校车的最大乘员数应不超过56人。校车安全条例的沿革历史说明，校车安全问题已经引起了国家和社会的重视，自2010年起国家不断出台校车安全的相关政策。在国家出台相关政策后，校车安全问题虽然有所缓解，可依然没有得到有效解决。以人为本的教育观要求以学生为本，要求关注生活，关注生命，但是校车事故的频频发生却是对以人为本教育观的挑战。

根据《校车安全管理条例》，校车是指依照本条例取得使用许可，用于接送接受义务教育的学生上下学的7座以上的载客汽车。2010年以来，全国发生多起幼儿园校车安全事故，2011年发生的幼儿园校车安全事故最多。其中约8成有致死情况，死亡人数达到153人，其中多数是幼儿。

根据《中华人民共和国道路交通安全法》中交通事故等级划分标准，可将交通事故划分为：轻微事故、一般事故、重大事故、特大事故。根据现实生活中发生的幼儿园校车事故中幼儿死亡原因，又可将幼儿园校车事故划分为：车上事故、校车窒息事故、车下交通事故。现将2004～2016年期间发生的幼儿园校车安全事故，按照交通事故等级划分标准和幼儿园校车事故类型进行分类整理，如下表所示：

等级	车上事故	校车窒息事故	车下交通事故
轻微事故	4	1	0
一般事故	13	1	0
重大事故	18	17	2
特大事故	15	0	1

从上表可以看出，2004～2016年共发生72起幼儿园校车安全事故，探究这些幼儿园校车安全事故，对于全面系统地认识校车安全事件发生的原因、减少事故发生的次数、有效地预防和控制事故的发生、降低事故发生的严重程度，以保障幼儿的生命安全、促进家庭和谐社会稳定具有很重要的意义。

一、悲剧的发生

2012年9月18日9时15分，“嘭”的一声巨响后，河南省驻马店市遂宁县北冥镇下沟砖厂门口，一辆大翻斗运煤货车与遂宁县北冥镇小太阳幼儿园学生接送面包车相撞。货车长约6米，翻斗高约2.5米。这辆原本9座的面包校车，内部改装成3条长凳。两车的车头均严重毁坏，校车的前门、中门均被撞开，车身损毁严重，满地都是散落的校车零部件，现场周围掉落了很多小鞋子和书包，周围5米内满是细小的玻璃碴儿。

事故发生时，据砖厂某工人回忆说他正在距离路边10米的厂门卫室喝水，突然听到一声巨大声响，于是赶快出来看发生了什么，当走到厂门口时，彻底被眼前的一幕惊吓住了，空气中弥漫着令人窒息的气氛。当他急速跑到校车旁边的时候，发现校车司机当时被死死地卡在正驾驶座位上不能动弹，整个车头从驾驶座到副驾驶座深深地凹了进去；由于瞬间受到的撞击力，校车副驾驶边上的门被撞开，4 个幼儿从门口摔到了地上；唯一的女教师怀抱一个女孩，也被夹在了车子的中门处；破碎的玻璃，沾着血的书包，扭曲的汽车零件，散落在地。校车毁了，车头烂成一团，撞击让校车车厢呈波浪形裂开。车上的孩子除了昏迷死亡的之外，几乎都在放声哭喊，这场景让人心痛不已。

砖厂厂长张俊良回忆说："那声音听得让人晚上睡觉都感到害怕，太可怜了，这些稚嫩的生命，死的死，伤的伤。"不到一分钟，听到声音的人都陆续赶了过来，人们都沉默不语，悲痛地去检查伤者、小心地抱起由于被惊吓而无助的孩子。最先的救援是在下沟砖厂工人们的行动下展开的。这些身强力壮的汉子们哭了，他们撬开变形的车门，把受伤的娃娃小心地从车里抱了出来。"好惨。"一位工人说，当他看到车内情形时，一下瘫倒在地。随后，自发救援的人越来越多，有人打电话，有人主动拦路上的车，有人把车里的孩子抱出来，站在路边近乎疯狂地拦截路过车辆，有人把血泊中的孩子放到车上一路护送到县医院。不到 5 分钟，救援车辆都陆续赶到，这期间，张俊良和砖厂的工人党占运、何建辉等人都看到，运煤大货车的司机李军刚也跑到校车上，抱起孩子就往路边声嘶力竭地拦车。

据在砖厂附近干活的村民说，当听见"嘭"的一声巨响后，他急忙到路上看发生了什么事。只见路上有很多人都着急地往同一个方向跑着，每个人都面色沉重。远远望去，是一辆煤车和一辆面包车相撞。只见有的人抱着受伤的幼儿，在路上着急地拦车。看到这种情形，他也加入抢救孩子的过程中，整个现场悲恸欲绝。

据调查，事故当天大雾笼罩，公路限速 30 公里/小时，但校车驾驶员安全意识淡薄，左道逆行，同时两车都是超速行驶，其中幼儿园校车在限速的情况下，时速达到 80 公里；幼儿园私自改装车辆，将 9 座车改为无座，车上的 64 个幼儿园孩子一部分用小板凳坐在车中，一部分孩子站在车中。事发后遂宁县警方说："尽管现场两车都有刹车印，但经专家判断，相撞时两车时速均在 80 公里左右。"《校车安全管理条例》第五章"校车通行安全"部分第三十五条规定："载有学生的校车在高速公路上行驶的最高时速不得超过 80 公里，在其他道路上行驶的最高时速不得超过 60 公里。道路交通安全法律法规定或者道路上限速标志、标线标明的最高时速低于前款规定的，从其规定。载有学生的校车在急弯、陡坡、窄路、窄桥以及冰雪、泥泞的道路上行驶，或者遇有雾、雨、雪、沙尘、冰雹等低能见度气象条件时，最高时速不得超过 20 公里。"

事后调查得知，校车司机逆行的原因如下：9 月 18 日清晨，笔直的"天堂公路"在薄雾中向远方延伸，校车司机李焱龙握着方向盘，把金杯牌 9 座校车开得飞快，拆掉座椅的车厢里，62 名孩子贴在一起。当看见路边的下沟砖厂时，他决定逆向行驶，为的是寻找路边等待走上校车的孩子。就在李焱龙逆行的同时，校车里播放的儿童音乐正在王春风身边环绕，这位坐在副驾驶上的幼儿园老师不知道,厄运已悄然驶来。校车和重型卡车以 80 公里的时速撞在一起,李焱龙踩下刹车,但没能避免相撞。巨响过后,李焱龙、王春风和孩子们的鲜血涌在了一起。李焱龙与王春风都生活在河南省驻马店市遂平县北冥镇。他们是镇上小太阳幼儿园的职工。每日清晨和傍晚,他们都要接送三个村庄里的孩子去幼儿园读书。李焱龙身兼数职,要供两个孩子念书。王春风一心想做一名出色的幼儿老师,她希望通过努力改变生活。然而由于他们无视交通安全法规,不仅搭上了自己的性命,也给这 62 个家庭带去了无数伤害。

据统计,此次事故造成 21 人死亡,当场死亡 5 人(校车司机 1 人、幼儿 4 人),经市人民医院专家组、遂平县人民医院和中医院全力抢救,因伤势严重救治无效死亡 15 人(幼儿教师 1 人、幼儿 14 人),其中幼儿 18 人,13 名幼儿重伤,32 名幼儿轻伤。挤在校车前部的幼儿伤亡比例较大,幸存的幼儿多在车的后部。正因为牛羊屯是校车接孩子的最后一站,所以在 18 名遇难幼儿名单中,牛羊屯村占了 10 名。

经初步审查,大货车驾驶员李刚军涉嫌交通事故肇事罪,已于 18 日被公安机关刑事拘留;小太阳幼儿园董事长(园长)欧阳东海因涉嫌重大责任事故罪,已于 18 日被公安机关刑事拘留。遂宁县委常委、常务副县长李光焱、遂宁县副县长戴玉东、遂宁县教育局局长雷先明、遂宁县交警队队长李邵波被停职调查。

在事故中侥幸存活下来的孩子,各有着不同情形的身体和心理伤害。一位家长说自己的孩子 5 岁,头部有脑震荡，虽然已经脱离生命危险，但夜里睡着时会做噩梦，醒了就告诉家长“梦到被红色大卡车撞了”；另有一邻病床4岁的孩子睡觉时手一直抖个不停。据悉，河南大学的心理咨询专家已经到遂宁市人民医院为孩子和家长做心理疏导，医院也准备用黄花菜食疗的办法辅助心理治疗。

事故发生后，国务院领导同志高度重视并做出重要批示，要求相关部门全力以赴做好伤员救治和善后处理工作，认真查明事故原因，依法依规严肃处理相关责任人员，切实加强校车安全管理工作。

为进一步加强校车交通安全工作，有效防范和坚决遏制此类事故的发生，国务院安全生产委员会办公室要求各地高度重视中小学和幼儿园校车交通安全工作，建立完善校车交通安全监管的长效机制；全面开展中小学和幼儿园校车安全隐患大排查；进一步加大对中小学和幼儿园校车安全的宣传教育力度；认真执行事故查处挂牌督办制度，严肃事故查处。

二、悲剧发生的缘由

（一）校车事故追溯

“幼儿园联片集中办园”

在2008年，河南省实行“幼儿园联片集中办园”的教育政策，集中优势办学资源，提高教育质量。学校和幼儿园撤并之后，不少农村的孩子就此需要坐校车

⇓

“全镇只有一所幼儿园”

事故受伤幼童的家长老武告诉记者：北冥镇就只有这一所幼儿园，考虑到距离家近，而且有校车接送，所以村子里的家长都愿意把孩子送到这个幼儿园去上学

⇓

“幼儿园资金困难，申请政府贷款无果”

随着幼儿人数的增多，小太阳幼儿园规模扩大，各个方面的建设需增加资金投入，尤其是教学设备与校车购买方面需要投入更多的资金。

据调查得知，小太阳幼儿园所收学费无法满足幼儿园各方面建设，其负责人通过向亲戚借钱、向高利贷借钱来维持运营。这期间，也曾向相关部门申请无息贷款来购买校车，但是迟迟没有批准

“校车为节省成本超载”

在总费用固定的情况下，为节省成本，小太阳幼儿园选择了超载。原本需要两三次才能运完的小朋友，小太阳幼儿园的校车一次就运完了

⇓

“家长担心超载，但心存侥幸”

只能载9人的校车严重超载，所有家长都有点担心，但是侥幸心理让他们渐渐忽视了这个隐患

⇓

<table>
<tr>
<td>“警方早发现超载，
但监督不力、敷衍执法”
据了解，当地警力不足，交通管理部门对偏远山区幼儿园的校车无法做到随时随地检查幼儿园的校车是否超载。同时，存在交警敷衍执法现象，交警只是通过交罚款的方式惩罚超载校车，并没有要求孩子们下车。这都为严重超载的校车提供了可乘之机</td>
<td>“相关部门未履行
幼儿园安全检查之责”
据在园工作四五年的幼儿教师与当地村民说，从未见过上级主管部门与政府派人来幼儿园进行过安全检查。
在此次校车安全事故的新闻发表会上，有一位政府官员也承认，幼儿园校车安全事故隐患的存在，与官员玩忽职守、监督不力存在关系</td>
</tr>
</table>

⇓

安全隐患爆发，校车成为血车

（二）问题呈现

1. 校车司机超速超载成惯例，交警敷衍执法

2010 年，北冥镇小太阳幼儿园的校车曾出过安全事故，一辆校车因载了太多的孩子，在行驶的路上挤开了后门，把一个孩子掉在了路上。据村民说，这件事故的处理结果以交警对幼儿园进行罚款而结束，并没有采取更多的惩罚措施。据村民推测，可能是因为这次的安全事故中没有出现死亡事故，此事就不了了之。2011 年的前半年，校车司机李淼龙也曾因超载被抓过两次，而且还被扣过驾照，被交警罚过款，但是没有过多久，李淼龙又回到

幼儿园开校车。可是接下来李淼龙依旧超载，交警依然是敷衍执法。据村民讲，校车司机李淼龙为多打几份工，经常超载、逆行、开快车。镇上人也说，当地司机违章现象普遍，交警查车罚钱便放行。园长的弟弟接受媒体采访时称："办学的这些年里，有时交警队突然查车，充其量就罚个款，罚 500 元，罚完就走，也没要求多余的孩子下车。"针对上述现象，政府部门却说，曾经三次要求小太阳幼儿园超载的校车整改。

《校车安全管理条例》第七章"法律责任"部分第四十四条规定："使用拼装或者达到报废标准的机动车接送学生的，由公安机关交通管理部门收缴并强制报废机动车；对驾驶人处 2000 元以上 5000 元以下的罚款，吊销其机动车驾驶证；对车辆所有人处 8 万元以上 10 万元以下的罚款，有违法所得的予以没收。"

2. 上级主管单位从未有过幼儿园安全检查

北冥镇的村民并不满意县政府的安抚，根据村民透露：政府在出事前并没有起到应有的纠错作用，从未见政府派人来幼儿园进行安全检查，政府也不会来到这穷困的地方进行实地检查。

小太阳幼儿园的一位员工说："他们根本就不关心幼儿园的状况，幼儿园办园困难，老师工资低，工作压力大。我在幼儿园工作了四五年，从来没见有领导来检查工作，从来没有来调查过。"

在媒体发布会上，驻马店市委宣传部副部长宣称："我承认造成今天的局面，确实存在官员监管不力，玩忽职守的问题。"

遂平县公安局的扣押物品中，有幼儿园的上级主管单位来安全检查的通知，有一张落款时间是 2012 年 9 月 15 日。对此，园长的妻子东门玉霞说："这些检查通知都是出事后，有人补进去的，那一天根本就没人来过。"

《校车安全管理条例》第二章"服务提供者"部分第十三条规定：县级以上地方人民政府教育行政部门应当指导、监督学校建立健全校车安全管理制度，落实校车安全管理责任，组织学校开展交通安全教育。公安机关交通管理部门应当配合教育行政部门组织学校开展交通安全教育。

2010 年 7 月 1 日，国家出台了首部专门强制性国家标准《专用小学生校车安全技术条件》，其中明确规定校车运载学生人数不得超过核载人数。小学生校车每座必须配备安全带、安装"汽车黑匣子"，至少应设两个应急出口。同时，该规定还对校车座椅、内饰材料、出口、车窗、校车标识的式样、车身外观涂装、标牌及停靠站点标志等做出了明确规定，并指出双层客车、铰接客车等不应作为校车。

值得注意的是，此前不久，河南省公安厅交警总队已开始在河南全省范围内开展学生接送车辆安全隐患集中排查整治行动。河南省公安厅交警总队有关负责人称："自 10 月 20 日开始，交警部门将校车纳入车辆户籍化管理，健全完善学生接送车辆档案，加强中小学幼儿园学生接送车辆安全管理，预防重特大道路交通事故的发生。"而此次"校车整治"的重点就包括校车超速、超员等严重交通违法行为。

从以上看出，国家很重视校车安全。为什么执行到各市、县就遇到了这么大的阻力，更忧患的是，相关部门竟一次次不秉公执法、得过且过。面对司机李焱龙的次次超载，却以罚款了之。针对现实情况，国家还应出台相关执行的监管部门方案，检查各项规定的实施是否有漏洞，将“校车安全”事件深入人心，引起全社会、全民众对校车安全隐患的重视，让悲剧不再重演。

3. 民办幼儿园的经济窘境

幼儿园园长欧阳东海的妻子东门玉霞说：从 2004 年和丈夫借钱开办只有 58 人的小太阳幼儿园算起，到 2011 年幼儿园招生 700 人为止，幼儿园的收费是每年每人 600 元，即便有 1000 个学生总收入也就 60 万，可仅 48 名员工的开支就耗去近 50 万，这还没有算贷款利息和建房子及购买教学设备的费用。他们夫妇已经累计投入近百万资金。除去前不久政府发放的 2000 元补助以外，其余资金都来自于贷款和高利贷。这点，对于有着 4 台校车和 48 名职工的民办幼儿园来说，是致命的打击。

东门玉霞的一位亲属则说：为支撑幼儿园，东门玉霞几乎向所有亲戚借过钱，后来东门玉霞听说政府应该给民办幼儿园帮助，就打报告申请贷款用来购买新的校车，可至今没有音讯。

欧阳东海的弟弟：幼儿园一直向政府部门申请无息贷款款项，申请好几年一直没有申请下来。

河南省教育系统一位官员则对此说法表现出部分认同，他说：鉴于北冥镇只有小太阳一家幼儿园的现状，依照规定政府应该给予相应支持。如果完全让资金基础薄弱的民办幼儿园来满足镇里的入园需求，特别是在当下不入幼儿园就没法上小学的背景下，显得有些不近情理。

4．北冥镇儿童入园难

据北冥镇一位村民说：镇里原先还有一座公立幼儿园，可不知为啥说关就关，再也没开过，他们希望政府不要将他们遗忘。

事后据调查，农村幼儿园校车超载的原因之一是城镇幼儿园撤并，在北冥镇只有小太阳一家幼儿园，在不上幼儿园就不能上小学的政策背景下，让孩子上幼儿园成了必需的选择。因此，截至2012年9月份，小太阳幼儿园人数已经达到700多名，入园难的问题在这个小镇是极其明显的问题。

《校车安全管理条例》总则第三条规定："县级以上地方人民政府应当根据本行政区域的学生数量和分布状况等因素，依法制定、调整学校设置规划，保障学生就近入学或者在寄宿制学校入学，减少学生上下学的交通风险。

县级以上地方人民政府应当采取措施，发展城市和农村的公共交通，合理规划、设置公共交通线路和站点，为需要乘车上下学的学生提供方便。"

5．幼儿园、随车照管人员、学生的监护人严重失责

北冥镇小太阳幼儿园特大校车事故司机同时打几份工，疲劳驾驶，遇到恶劣天气和紧急情况处理不力，违规操作，严重超载，最终酿成惨剧。家长安全意识薄弱，在明知校车存在安全隐患的情况下，不能及时有效地帮助排除隐患，对校车隐患持纵容的态度。很多家长对幼儿园的理解和支持力度不够，认为幼儿上校车后所有的安

全应由幼儿园全权负责，将幼儿教育的责任全部归为幼儿园。在小太阳幼儿园特大交通事故中，很多村民明知小太阳幼儿园校车存在严重安全隐患、交通管理部门敷衍执法、相关教育部门未进行安全检查，却持“事不关己”的态度，最终导致悲剧发生。

《校车安全管理条例》第二章“服务提供者”部分第十条规定：“配备校车的学校和校车服务提供者应当建立健全校车安全管理制度，配备安全管理人员，加强校车的安全维护，定期对校车驾驶人进行安全教育，组织校车驾驶人学习道路交通安全法律法规以及安全防范、应急处置和应急救援知识，保障学生乘坐校车安全。”第十二条：“学校应当对教师、学生及其监护人进行交通安全教育，向学生讲解校车安全乘坐知识和校车安全事故应急处理技能，并定期组织校车安全事故应急处理演练。学生的监护人应当履行监护义务，配合学校或者校车服务提供者的校车安全管理工作。学生的监护人应当拒绝使用不符合安全要求的车辆接送学生上下学。”

《校车安全管理条例》第三章“校车使用许可”部分第十四条规定：“使用校车应当依照本条例的规定取得许可。取得校车使用许可应当符合下列条件：(1) 车辆符合校车安全国家标准，取得机动车检验合格证明，并已经在公安机关交通管理部门办理注册登记；(2) 有取得校车驾驶资格的驾驶人；(3) 有包括行驶线路、开行时间和停靠站点的合理可行的校车运行方案；(4) 有健全的安全管理制度；(5) 已经投保机动车承运人责任保险。”

《校车安全管理条例》第六章“校车乘车安全”部分第

三十九条规定："随车照管人员应当履行下列职责：(1) 学生上下车时，在车下引导、指挥，维护上下车秩序；(2) 发现驾驶人无校车驾驶资格，饮酒、醉酒后驾驶，或者身体严重不适以及校车超员等明显妨碍行车安全情形的，制止校车开行；(3) 清点乘车学生人数，帮助、指导学生安全落座、系好安全带，确认车门关闭后示意驾驶人启动校车；(4) 制止学生在校车行驶过程中离开座位等危险行为；(5) 核实学生下车人数，确认乘车学生已经全部离车后本人方可离车。"第四十一条："校车驾驶人驾驶校车上道路行驶前，应当对校车的制动、转向、外部照明、轮胎、安全门、座椅、安全带等车况是否符合安全技术要求进行检查，不得驾驶存在安全隐患的校车上道路行驶。校车驾驶人不得在校车载有学生时给车辆加油，不得在校车发动机引擎熄灭前离开驾驶座位。"

三、悲剧发生后的应对措施

(一) 增加资金投入，解决入园难

根据《校车安全管理条例》总则第三条规定："国家建立多渠道筹措校车经费的机制，并通过财政资助、税收优惠、鼓励社会捐赠等多种方式，按照规定支持使用校车接送学生的服务。"驻马店市委市政府在 2012 年 11 月 18 号决定，在未来三年内投入 6.8 亿元，新建 155 所公办幼儿园，希望能够解决民办幼儿园的教学和安全问题。驻马店市委、市政府决定停止 2012 年公车更新计划，将预算资金全部用于购置标准化校车。

此举措施，旨在解决幼儿园数量少带来的入园难问题以及民办幼儿园资金缺乏的问题。

（二）分散设置幼儿园，解决集中办园困境

根据规划，小太阳幼儿园的700多名孩子，有300多名距离比较近的，继续在北冥镇幼儿园上学，其他就近分配到各个村小学新开设的学前班。

（三）派遣专业心理辅导老师，解决幸存幼儿心理阴影

此次北冥镇小太阳幼儿园发生的校车安全事故不仅给家长带来了伤痛，也给孩子带来了不小的心理伤害，一些孩子在事故之后出现了心理问题。北冥镇所在的遂平县人民医院外科副主任欧阳焱焱证实：一些受伤的孩子出现心理问题，有些孩子睡眠的时候惊醒，有些孩子拒绝去上幼儿园，有些孩子整日沉默，有些孩子则对上学充满恐惧。

新组建的北冥镇幼儿园特别安排了3名心理辅导老师，东门老师是其中一位，东门老师说："现在学生个人心理情况不一样，有一部分同学毕竟没有在现场，没有见过事故，但是有些同学是亲身经历，这些同学就比较严重。要从他们的心灵慢慢引导，让他们先从有笑容开始。面对不同的孩子，展开不同的辅导。"

（四）全面摸底排查，严格校车审批

全省教育、公安、交警部门联合要对辖区所有学校、幼儿园和校车开展再一次安全检查，全面掌握辖区内学校、学生和校车的数量、车辆所有人、驾驶人、运行时间、行驶路线、核载人等基本情况，建立健全和完善台账档案，全面检查学校和幼儿园校车管理制度落实情况，做到"不漏一校一园、不漏一车一人"。对学校、幼儿园校车管

理制度不落实，校车有改装、改型、拆卸或加装座椅，以及校车驾驶人安全资质不符合要求的，一律责令停运停驶，限期整改；对未经安全审查、无校车标牌的其他车辆，坚决禁止其接送学生，并督促其按规定办理校车标牌。各地要以校车“五不出校制度”（校车车况不良不出校、校车超员不出校、驾驶人资质不合不出校、校车证件不齐不出校、照管教师未到位不出校）为重点，加强检查，确保落实。

（五）强化路面管控，严查交通违法

各级公安交管和交通运输部门要定期或不定期地开展联合执法，严查校车交通违法行为。公安交管部门要进一步加强校车运行时段和路段的巡逻管控，加大交通违法整治力度，对校车号牌标识 、使用单位、发证日期、有效日期、驾驶人姓名、运行路线、照管老师等情况进行认真核查，逢车必查，逢违必罚，杜绝事故隐患。要在日常执勤中，加大对校车及学生接送车辆的检查力度，对存在交通违法行为的，一律依法严格处罚；对车辆没有进行校车登记、没有粘贴校车标牌而接送学生的，一律停运，通报教育部门进行处理；对校车驾驶人不具备驾驶校车资格的，一律停运，通报教育部门进行处理。要大力开展打击“黑校车”治理活动，严禁拼装车、低速汽车、农用车、报废车搭载学生。要加强校园周边秩序管理，重点治理校园周边乱停乱放、非法营运、逆行、违法调头等行为，为学生出行创造平安、畅通的交通环境。各级交通运输部门要规范道路运输市场秩序，严把道路运输准入关，严厉查处从事非法营运的学生接送车辆，严格检查道路运输经营许可，对没有粘贴校车标牌无道路运输经营许可而接送学生的车辆，要严格以非法营运从严从重处罚。

（六）加强教育宣传，提高安全意识

各级有关部门要迅速组织开展集中宣传活动，通过广播、电视、报刊、网络等新闻媒体，向公众广泛宣传开展校车安全管理的目的、意义及有关政策，特别是对校车审查备案的条件、要求、程序规定以及法律责任，要作为重点进行宣传。要充分利用媒体的宣传广度和深度，组织记者随警作战，曝光校车交通违法行为，剖析深层次原因和典型案例，赢得群众和社会的理解与支持。各地教育行政、公安交管部门要立即联合召开辖区学校校长及校车驾驶人会议，通报事故案例，提出工作要求，并责成各学校集中开展一次师生、家长交通安全教育，切实提高广大家长、师生安全意识。公安交管部门要适时组织校车驾驶人开展宣传教育，及时通报事故情况，增强交通安全意识，做到不开违法车、开车不违法；定期指派民警深入辖区中小学校开展交通安全教育，向学生宣传交通安全法律知识、交通安全常识，努力提高学生交通安全意识和自我保护意识，小手拉大手，维护自身交通安全，做到不坐违法车，不坐低速载货汽车、三轮汽车和拖拉机，形成“文明交通从我做起、从小做起”的良好风尚；每学期组织交通安全教育主题活动，督促学校设立宣传栏和固定交通安全宣传标语，督促学校落实上学、放学高峰期值班制度，教育、劝导学生不要乘坐非客运车辆、“黑校车”，加强校车管理，杜绝不符合安全条件的校车接送学生。

案例思考题

1. 在这个案例中，从人、管理和环境三个方面分析校车安全事件影响因素及互相作用。

2. 在这个案例中，幼儿园的校车管理方式有什么问题？你认为应该如何完善？

3. 校车安全事故是由多个因素共同作用导致产生，个人层面的因素、幼儿园层面、社会层面的各个因素又是相互作用的。联系本案例，谈谈你对这句话的理解。

4. 针对这个案例，你认为悲剧发生后的应对措施有效吗？

润物细无声

摘　要：学校教育中有很重要的一部分就是教师与学生的关系问题。良好的师生关系会使师生双方均产生积极的情绪体验，调动师生双方积极性的内驱力，从而有助于教师的教与学生的学，营造愉快的情绪气氛，更能促使师生心理相容，形成和带动积极班风的建设。教育不是教化也不是说教，我们常说言传身教就是要求教师将口头教育和身体力行的身教结合起来，发现问题不表达和发现问题不解决都是失败的教育。和谐的师生关系的建立，首先要求教师迈出主动性也是关键性的一步，发现问题的基础上不厌其烦地与学生进行沟通交流，将爱的教育贯彻其中，用爱的方式让学生感到温暖，以期达到教是为了不用教的目的。

作者简介：彭勃（1974～），男，安徽涡阳人，淮北师范大学教育学院副教授，研究方向为教育理论和教育管理。杨雪（1993～），女，安徽濉溪人，淮北师范大学教育学院硕士研究生，研究方向为教育理论和教育管理。

编制说明：作者对案例涉及的学校名称、人员做了必要的掩饰性处理；本案例仅供教学讨论之用，无意提倡或暗示某种管理理念、方法或体制比其他管理理念、方法或体制更为有效或合理。

师生关系是教师和学生在教育、教学过程中结成的相互关系，包括彼此所处的地位、作用和相互对待的态度等，它也是教育活动过程中最基本、最重要的关系。师生关系是一种特殊的社会关系和人际关系，是教师和学生为实现教育目标以各自独特的身份和地位，通过教与学的直接交流活动而形成的多性质多层次的关系体系。新型师生关系应该是教师和学生在人格上是平等的、在交互活动中是民主的、在相处的氛围上是和谐的。师生关系随着学校和社会的发展不断更新，在当代社会，越来越强调学生的主体地位，师生关系也由单一的教师权威型转向了师生互动型，"教学相长"的理念慢慢被更多的教师与学生所接受。师生关系属于人际关系中的一种，其中信任又是人与人交往的基础与前提。对于当代新世纪的学生来说，他们独具个性，有自己的见解和想法，对于教师的工作也保持一种批判性的眼光来看待。真正想理解学生、获取学生的真实想法，最重要的便是建立一种相互信任的师生关系，从而敞开心扉更加游刃有余地开展教学工作，同时形成良性循环，有利于建设良好的相互信任的班级氛围，形成积极尚学的学习环境。

宋代的书院教育有着优良的师生关系，值得我们借鉴，师生互相敬重爱护。由于宋代的书院一般为理学家所创办，基本不受官府和宗教思想的控制，学生对待教师抱着尊重敬仰的态度，著名的尊师故事"程门立雪"人所共知；同时教师也对学生关爱有加，并用自己的品德、气节去熏陶学生，起到榜样的作用，在日常教育教学中并不多加训斥学生。宋代书院里的教师会尽力帮学生设计人生轨道，寻找适宜学生自己的学习方法和人生目标。此外书院鼓励争辩诘难，百家争鸣，相互给予启发达到“教学相长”的积极状态，学生之间相互切磋，师生之间相互问难。更重要的是书院采取开放式的教学，师生之间推行平等的交流，强调学生独立思考、兼容并蓄，并不是一味地尊奉权威，一般通过师生之间的交流从而达成共识。雅思贝尔斯曾说过：“人与人的对话是思想本身的实现和真理的敞亮，任何中断这种你与我对话关系，均使人类萎缩。”我们受源远流长的儒家思想感染，从古至今奉行的尊师重道有时在一定程度上拉开了学生与教师的距离。教师不是圣人，学生不是工具，而是活生生的具有社会性的人，站在人性的角度上，师生之间的相互交往便显得尤为重要。而这种交往的基础便是以相互信任作为必要前提。

爱的教育有广义和狭义之分，广义的爱的教育是指有教育范式指导的实践活动，它和生活教育、批判教育、存在教育、文化教育等在同一逻辑层面上。爱的教育是主体间爱的唤醒、激发、创生、重构的文化实践活动。狭义的爱的教育指教育中的爱的情感实践活动，它至少包括三个方面的内容：一是对学生的爱，爱生如子或者爱生胜于爱子；二是对教育教学活动的爱，视教育为生命，为自己价值实现的源泉；三是对人类事业的爱，这是由对一个个学生的爱、对一项项教育教学活动的爱而升华为更博大、更深刻的爱。而教师的爱一般用“严慈相济”来表达，严慈相济就是指严格要求与关心爱护相结合，正因为有了严慈相济的教育才能让孩子顺利地成长成才。正如教育专家张伯华教授所指出的，教师对待学生仅仅爱是不够的，师爱无私的同时，必须严慈相济，“严”为良师，“慈”为益友，严慈相济中，才会有老师对学生真正的关爱和帮助，也才会有学生对老师的亲近、尊敬与信任。

教师有了真爱就能如春风化雨般，他们的一个眼神，一个微笑，一个手指的轻轻指点，都能带给学生爱的清风。严慈相济、爱的和谐就是要做到“随风潜入夜，润物细无声”，让每一个学生都能在平等和谐的氛围中掌握知识，陶冶情操，健全人格，将来成为有用之才。师爱是滋润学生心灵的甘露，是开启学生智慧的钥匙。苏联教育家马卡连柯说过：“没有爱，就没有教育。”师爱不同于一般的疼爱，更不是一味溺爱，师爱是依据教育主体的个性特点，促进其健康发展的爱，是带有使命感和责任感的爱。老师只有全面深入地了解学生，掌握他们的个性特点、心理需求、熟知学生的发展阶段特点，才能正确对他们施以爱和教育。师生间积极的情感在教育教学过程中发挥着特殊、奇妙的作用。《走进新课程——与课程实施者对话》中指出：“新型良好师生情感关系应该是建立在师生个性全面交往基础上的情感关系，它是一种真正的人与人的心灵沟通，是师生相互关爱的结果，是师生创造性得到充分发挥的催化剂，是促进教师与学生的性情和灵魂提升的沃土”。它像一根彩带拉近了师生心理的距离，滋润着学生健康成长。

一、师不亲，则无以流露真情

还没来得及从紧张的毕业班生活中“解放”出来，作为班主任的我又开始了新的工作。从事教育的老师都知道,“半路”接班是最头疼的,面对六十多张陌生的脸,要想让学生从原来的模式中走出来接受新老师,不下一番功夫是不行的。我第一要解决的是和学生谈心,互相沟通,取得相互信任,让学生感到你可亲可近。这样,学生才能吐露真情,有利于班级工作和学生健康快乐成长。经过一段时间的相处之后,大部分同学都开始慢慢接受了我,和我一起沉浸在学海中,但还有几个学生没进入学习状态。

其中一个是张雅丽,她平时看起来性格古怪,不善结交同学而且经常缺课,有损于班级荣誉,教师屡次说服教育,但还是外甥打灯笼——照舅(旧)。作为班主任,我也特别生气,可是我想知道她为什么会表现出这样的行为呢?我便开始尝试性地跟她交流生活的琐事,经过我耐心的劝导,她终于道出了藏在心里十几年的真情。她一边抽泣一边说,她从记事起到现在都和姥姥生活在一起,父母长年在外地打工,前几年还每年都回家,近几年过年也没时间回家了,她已经有两年多没有见过父母,平日最多也就是通个电话,叮嘱她好好学习,以后可以不用像父母这样辛苦。她说父亲在建筑工地做体力活,母亲在工地帮忙同时也会去工厂里做兼职。她知道父母的艰辛,可是不懂为什么他们口口声声说爱自己,却两年多都不回来看自己。她觉得自己像个没人要的孩子,所以逃课、不学习就为了使大家能注意到她,就算是贬义的“注意”也没关系。

听到这些话我不禁心头涌上一阵酸楚,留守儿童的父母缺失让孩子在左右为难的夹缝中成长,对待父母及社会的看法和想法有可能变得偏激。可想而知她的内心是多么的渴望父母的爱,又是何等的迷惑!内心的矛盾就表现在了行动上,有时思念父母竟说着说着泪水就流了下来。我了解这种情况之后,耐心地劝导她,第一跟她聊了聊什么是爱,爱分很多种,时时陪伴是爱,谆谆教诲是爱,遮风挡雨更是爱,因为生活所迫,父母远行务工,用辛勤的汗水为女儿的衣食无忧所奋斗,哪有父母不思念自己的儿女,他们恐怕更会忍受着思念的苦楚;第二跟她说了期望,父母每次打电话都会叮嘱她好好学习,这是殷切的期盼,望女成凤,希望以后女儿能有更多的选择做自己想做的事情。她听了我的话,泪眼婆娑,微微点头,想了一会儿,坚定地说一定努力学习,让父母不再那么劳累,让他们过上好日子。看着她下了这么大决心,我特别高兴。之后张雅丽果然积极上进,成绩慢慢有了起色,与同学们交往也多了,笑容也多了。

二、情不真,则无以感动人心

古语说:“感人心者,莫先乎于情。”是的,我们做老师的,在教育学生的过程中,要用真情。有一天当测试成绩公布后,令我惊奇的是原来前几名的同学王帅,这次成绩竟这么不如人意。第二天上课时,我发现他精神不振,课后我关心地问他是不是病了,他面露难色支支吾吾地说:“我最近老是发烧,已经一周多了也不见好。”我忽然想会不会有炎症啊,如果高烧不退那么对于他的身体会是很大的损伤,还有可能出现其他的并发症。他的父母又外出打工去了,有个哥哥在另一个班。他说:“过几天星期天我哥哥带我去城里检查一下。”我想,到星期天还有好几天，病情总不能耽搁，再说今年又快升九年级了，怎么能耗得起，我思量了一下立刻告诉他："明天我抽时间陪你去。"他惊讶地看着我。

第二天，我安排好班级的事情后，就和王帅坐车来到了县医院，王帅的高温依旧没有退去，脸色看起来十分难看。我给他挂号、交费、化验、拿药。他由于从没来过县医院，什么也不知道，所以我就让他在一个地方等待，自己楼上楼下忙活，从他的表情中，我看到他用感激的目光注视着我。说实话，我感觉其实这没什么，作为班主任这也是我分内的事，学生生病，父母不在身边，班主任有这个责任帮助他恢复健康。医生诊断后说："开点药吃几天就可痊愈了"。我们都松了一口气，回来后没有几天，他就又和从前一样健康活跃了，成绩在全年级也是名列前茅。看到他生机勃勃的样子，我会心地笑了，他也笑了——眼里含着晶莹的泪花。

三、教不严，则无以青出于蓝

教不严，师之惰。在新课标、新理念的背景下，老师既要尊重学生的人格，又要保证学生的主体地位不动摇。

从接这个班时，我就听别的老师和同学说过，多么多么不遵守纪律，经常顶撞老师，耍小姐脾气。我还不相信，而是挺自信略带风趣地说："没有我教育不好的学生。"也许我的话说得太早了，在我管理班级的过程中，她是大错不犯小错不断；不是和老师顶嘴，就是上课交头接耳；不是和女生吵嘴，就是和男生打架。就她一个人，把班级搞得乱作一团，多次和她交谈，都没有效果，我无可奈何！

有一次，在我的课堂上，因为我课上问她为何交头接耳，她竟和我顶撞了起来，她东说是理，西说也是理，没有我说话的机会。我想近两年了，每次你犯错误，我都是晓之以理、动之以情，强压心中的火气。可今天，我气不打一处来，走到她跟前，用手象征性地推了她一下，她似乎意识到老师真的恼火了，她便为自己的做法向我道歉。可是，我心里也在自责，我为什么要推她一下呢？为什么不能静下心来呢？常言道“气愤是无能的表现”，是的，师爱应是严而不厉，应该用“计”。反向思考不是更好吗？她虽然有部分缺点，但也有优点呀。教师要善于发现学生的优点，以优点改缺点。根据加德纳的多元智能理论，扬长避短建立学生的自信心。她的文章写得不错，我就让她当作文课代表，黑板报的短文作者，让她自己感到自己还有那么多的闪光点，从而找回自信。渐渐地，她身上的优点多了，缺点少了，她再也不是老师和同学眼中的问题学生了。我事后跟她交流时发现，她认为自己没什么优点，成绩既不算很好也不算很差，而老师往往会表扬尖子生关注后进生，像她的状态在班级里就像透明人一般。因此她内心很不舒服又不知道该怎么表达，只好通过这种方式吸引老师们的注意力。所以关注学生的正向发展，务必要关注学生的心理，及时交流沟通，教师要把握内在规律积极运用教育手段，将教育劣势转变为教育优势。

四、心不诚，则无以唤回真心

俗话说：付出真心，才会得到真心。在教育合力中，家庭教育是不可缺失的一环，而家访是了解学生家庭环境、内心世界的一个有效方式。

在家访的过程中，我发现了一个特殊的学生——李晓宇。没完成作业的名单总是少不了他，课堂上总是不知不觉就睡着了，经常一下课就不见了踪影……那天，例行晨检中居然迟迟不见李晓宇来上课，家长电话也一直无法接通。当天下午，在暮色中我几经辗转终于找到了李晓宇和奶奶住的房子。我进了房门一看，李晓宇坐在凌乱的床铺上，满脸麻木。邻居唏嘘地向我感慨，李晓宇的父母离异，不问家事，晓宇与唯一的奶奶相依为命。而奶奶爱玩麻将，一天到晚地打麻将，晓宇每天热饭都吃不上。听到这些，我的心都揪了起来，难道这个孩子一直以来都是这样生活的吗？

之后，我频繁地去家访，不止一次地与其奶奶进行沟通，希望奶奶能够给孩子创造一个良好的生活环境，可换来的是一句：我管不了他；我尝试与小宇的父母沟通，换来的仍然是同样的话语。家长的不配合，让我的工作很难做。问题没有解决，我的心怎么也平静不下来，看着这样聪明的孩子就这样颓废下去，我万般不忍。在之后的日子里，我了解到李晓宇每天必去网吧打游戏，我就在心里默默念叨着：去网吧，找到晓宇，带他回来。

一次，晓宇连续两天没有来上学，我就跑遍了所有网吧，一家一家，一个座位一个座位地找，最后终于在一家黑网吧的角落里找到了他。晓宇静静地盯着屏幕，眼睛肿得像两个桃子，消瘦的脸颊上还挂着泪珠。我看向屏幕，只见是一个对话窗口，对话的最后一条信息是：“我妈妈叫我吃饭啦，回聊！”是对方下线前的临别语。那一刻，我的心酸涩无比，我轻轻地唤着他的名字，没有呵斥，只是低声询问。这时，这个平日一声不吭的男孩子却突然号啕大哭起来，声嘶力竭，仿佛哭完了过去的委屈。我的泪泪也跟着他的哭声扑簌扑簌往下掉。最后，我们红着眼、肩并肩坐在网吧的拐角进行了一番深刻的交谈，定下了"神圣"的七条约定。一年过去了，李晓宇以优异的成绩考上了县一中。临行前，他找到我，说谢谢我没有放弃他。我带着为学生着想的诚心唤回了他的真心，我想作为教师，与学生的关系就是捧着一颗心认真地对待他们。

案例思考题

1. 建构良好师生关系主要考虑哪些因素？

2. 案例中老师的做法有助于维护师生关系吗？谈谈你的想法？

3. 结合自身的教育情况，谈谈给你的启示？

家庭,幼儿同伴间合作行为的摇篮

摘　要:幼儿社会性的交往是幼儿教育的重要内容之一,作为学前教育工作者,要利用多种形式和渠道帮助幼儿学会分享与合作,降低自我中心意识,培养乐于助人的行为,使其从小养成良好的社会交往行为,这对其以后健康成长起着重要作用。幼儿合作行为对于社会交往有着非常重要的影响。本案例从儿童合作的特征、影响因素及教师建议等方面进行分析。

现代社会越来越强调合作共赢,学会合作不仅仅是现代社会赋予人的要求,也是人类得以生存发展必不可少的条件之一。社会交往是合作产生的基础,因此社会交往是交往活动,是人的基本需求,对人的发展有长足的影响。班杜拉与皮亚杰都视交往为儿童的一项重要能

作者简介:吕颜君(1994～),女,山东济南人,淮北师范大学教育学院硕士研究生,研究方向为教育理论和教育管理。彭勃(1974～),男,安徽涡阳人,淮北师范大学教育学院副教授,研究方向为教育理论和教育管理。

编制说明:作者对案例涉及的学校名称、人员做了必要的掩饰性处理;本案例仅供教学讨论之用,无意提倡或暗示某种管理理念、方法或体制比其他管理理念、方法或体制更为有效或合理。

力，交往对儿童习得社会意识有十分重要的意义，并且交往活动将提高儿童的个性水平，促进社会性智慧增长。儿童去自我中心化需要通过两种不同的社会交往活动来实现：一方面是幼儿同幼儿间的同伴交往，另一方面是幼儿与成人的互动交往。其中，同伴互动的健康开展，影响幼儿社会能力发展，也是其满足社会需要、获得社会支持和安全感的重要来源，良好的同伴关系有利于幼儿自我概念和人格的发展。本次观察分析研究的是幼儿与同伴的合作行为。

学前儿童处于合作意识形成的黄金时期，在此期间对幼儿进行合作训练会使其发展出良好的社会性。儿童在 18 个月至 24 个月开始出现合作等亲社会行为，2 岁之后的儿童能更有效地进行社会交往，如进行合作游戏。有研究显示，儿童合作行为的稳定性和目的性与年龄增长呈正相关，随年龄增长幼儿的合作范围与形式逐渐多样化。幼儿发展合作行为具有阶段性，儿童通常在 4 岁左右方能具备心理理论和观点采择能力，4～5 岁是幼儿合作发展的关键期。《幼儿园教育指导纲要》明确指出：要引导幼儿参加各种集体活动，体验与教师、同伴等共同生活的乐趣，帮助他们正确认识自己和他人，养成对他人和社会亲近、合作的态度，学习初步的人际交往技能。

有研究表明，幼儿合作行为可以分为意向性合作、自发性协同、适应性协同以及组织化协作四个阶段。首先，在意向性合作中，幼儿会表现出合作的愿望，并没有实质的合作行为出现；其次，在自发性协同中，幼儿能够出现简单的行为协调，此时的幼儿并没有目标性；再次，在适应性协同中,幼儿表现出明显的有序性,能够有目的地进行协作;最后,在组织化协作中,幼儿有明确的统一目标,有分工与领导者,相互可以进行一定的配合。合作中的策略也不容忽视,幼儿一般使用强制策略和协商策略(如轮流、抽签等),年长的幼儿会选择协商策略而非强制策略,协商策略会逐渐转化为优势策略,更多地被儿童所采用;与此同时,幼儿在理解控制策略与解决问题的策略上也不断增加,年长幼儿能更自如地使用反问、回馈等方式加强彼此间交流与沟通的效果,从而使合作解决问题的有效性逐渐增强。幼儿去自我中心化很大程度在于儿童对于自我概念,即我与你的区别的认识,这种不断发展的主客体关系认知会极大地影响合作行为。合作行为出现时,需要幼儿理解自身与他人行为的因果关系,在共同目标的驱使下,进行分工或互补行为。不仅如此,言语作为承载人类交流信息的载体,对于幼儿合作行为也有很大影响,当言语信息缺失,幼儿无法表达或理解他人的需要,不能与同伴进行交流和协商,从而影响合作。幼儿的气质、情绪、性格、性别等因素也会影响合作行为的发展。在这些可能的因素中,究竟哪些是对幼儿合作起重要影响的,我们还不得而知。在下面的观察中,我们将侧重观察幼儿的合作行为,尽量详尽地了解幼儿背景信息,以期对幼儿合作的发展提出有效的策略。

观察对象:幼儿 A、B、C、D、E

观察时间:2014 年 11 月 19 日,2014 年 11 月 26 日

幼儿背景资料:

A(男):该幼儿爸爸妈妈从外地到上海工作居住生

活，时间有十年左右，为了照料孩子，将爷爷奶奶也接到上海居住。因此孩子平时和老人相处的时间比较长，父母由于工作关系相对照顾孩子的时间不是很多。妈妈之前每周回到孩子身边一次，现在可以每天回家，但是回家时间比较晚。父母对孩子学习上的要求比较高，送孩子在外面上各种学习的辅导班（数学、英语等）。

B（男）：该幼儿每周的大部分时间都是与外公外婆在一起，爸爸妈妈都是机关工作人员，家长每天下班到家的时间比较晚，所以相对固定时间陪伴孩子的是老人，周末会和爸爸妈妈回自己家。爸爸妈妈对于其生活还是以玩乐兴趣拓展为主，现在刚开始学习爵士鼓。

C（男）：主要教育者是妈妈，平时基本是由爷爷奶奶接送幼儿园，上学期间住在爷爷奶奶家，每天除了上幼儿园其余的时间也多数和爷爷奶奶在一起。爸爸妈妈平时下班在爷爷奶奶家和孩子一起吃饭，陪他游戏或者学习，之后爸爸妈妈回到自己的住处。一般双休日的时间是留给孩子的，虽然没有特别学习什么，但是该幼儿的学习习惯、品质培养比较好。

D（女）：妈妈主要负责对女儿进行教育，平时接送是由外婆帮忙，回家以后妈妈会和孩子进行一些互动。相对来说，爸爸陪伴孩子的时间非常少，业余时间在学习英语。

E（女）：妈妈之前是全职，所有的生活都是妈妈照顾的。周一到周五和外公外婆住在一起。每次周末妈妈带着孩子回自己家，又可以去看看爷爷奶奶（距离奶奶家比较近）。现在，妈妈开始工作了，主要教育任务还是以妈妈为主的，业余时间参加了英语思维训练等方面的学习。

［案例一］

案例对象：E、C、B

C与E合作拼一个拼图，带班老师曾教过他们拼图技巧，即先找到带边缘的拼图块拼出外轮廓，所以可以看出他们有按照老师给的方法在进行拼接。E与C的合作过程中，E的任务是较为辅助性的，而C基本占据主导位置，他直接拿出一块拼图快速寻找对应位置，E则是嘴巴里一直在讲“这块在哪里呢?”十分慢条斯理。该拼图由48块小图组成，在操作过程中有40块都是由C拼起来的，而E只拼了8块。后来B想要加入他们的游戏，但是因为拼图活动区能容纳的人有限，所以他们拒绝了B的要求，于是B向我求助，我问他们B可以加入你们吗？他们开始说不行，原因是B不会玩这个拼图，但是最后还是同意了B的加入。B坐在椅子上摆弄所剩无几的拼图，C一把从他手中拿过拼图，放在了对应的位置。这时B表示没有兴趣，去了其他地方。过了一会儿班上保育员来叫C去吃点心，C走之前很郑重地对E说要看管好拼图，强调这是他的位置。

［案例二］

案例对象：D、A

D与A在玩一个平面拼图形的建构游戏，玩具类似乐高。刚开始他们在平面上将木块拼接起来，像在玩俄罗斯方块，而且并没有出现合作行为，只是在平行游戏。过了两分钟A开始垒高受到了带班老师的称赞，于是他开始放弃平面建构专注于垒高。D过了一分钟后也开始模仿A,因为他们的材料形状并不相同所以他们开始协商如何拼起一个共同的“建筑”,逐渐出现了分工。A让D去拿木块,由于涉及空间图形,他发现自己表达不出他想要的木块是什么样的,两人就开始各自垒高。

从以上案例中可见中班幼儿已经有了合作行为的雏形,只不过因为个体发展水平不同所以限制了他们去表达自己意愿和去理解他人意图的能力,从而抑制了以此为基础的合作行为的产生。

分析这几位小朋友不会交往、不合群现象发生的原因,大致有以下两方面的情况。

(1) 家庭客观因素

当代我国家庭主要以三口之家的形式出现,父母作为家庭的主要劳动力,是家庭经济的来源,因此,父母双薪的家庭能够满足幼儿的物质生活,却没有时间闲暇陪伴幼儿成长。同时,缺少同伴的互动与交往,使得幼儿在家庭中的角色单一,难以开展有效的合作。邻里之间常常是封闭互不往来,有限的家庭空间限制了幼儿的自由度,其玩耍享乐、嬉笑打闹的天性也被限制在钢筋混凝土之中,幼儿无法接触自然,解放天性,减缓了社会性的发展。与此同时,家庭为幼儿提供的社交活动大多是虚拟的,如通过电视机、游戏机、电脑、手机等设备来认识社会,幼儿“足不出户”便可以消耗精力,在一些家长看来,这样经济又安全。这些节目与游戏占据了幼儿的大部分时间。这种虚拟的世界,使得幼儿只能被动地接受自我无法辨别的信息,无法主动与之进行交互,从而导致一部分幼儿不愿意与人交流,拒绝眼神接触等,强烈影响了幼儿的社会性交往。

（2）家庭主观因素

家庭的教育观念及教养方式可以在很大程度上影响幼儿的社会性发展。对于将子女培养成为什么样的人，在价值观念的转变下，家长也有不同的思考。有些家长认为，不能让孩子输在起跑线上，因此会花费大量的人力、物力、财力在培养幼儿特长上，还有很多数学、英语的培训班同样在家长市场中炙手可热。似乎唯有如此，孩子才能得到社会的认可。这种传统的育儿思维遇到新时期社会对人才的不同期待，是否是一种顺势而为，我们不做讨论。然而可见的是，种种培训使得幼儿闲暇时间非常有限，繁重的任务使幼儿很难有充分的时间接触自然。杜威主张"教育即生长""教育即生活"，卢梭强调自然对于幼儿发展重要性。不少家长对于正当且必需的交往要求总是顾虑重重，认为带幼儿外出会有很多的不便，也会有安全隐患，在家看书、玩电脑还有老人陪伴，比在户外游戏安全。过分的担忧以及对孩子的溺爱进而变成凡事包办，使得孩子社交性发展迟缓，甚至惧怕与陌生人接触。

对于这种现象，提出以下的对策与方法。

（1）建立合作行为目标

幼儿的心理发展都是从自我开始的，强烈的自我意识会让幼儿不能从他人的角度看待问题，幼儿的成长就是一个去自我化的过程。这种不断发展的主客体关系，影响其社会性发展。幼儿的主客体关系意识首先体现在幼儿对合作对象身份、地位的认识上。亨瑟尔指出，学前儿童在与同龄幼儿接触时能够更好地使用物品，而在与非同龄幼儿的相处中，平时处于支配地位的儿童能够有效地使用物品。其次，学前儿童的合作更多出现在朋友间而不是非朋友间。然后，幼儿能够辨别出他人是否愿意合作即合作的意向性，因此，在给幼儿创造社会交往情境时，要调动幼儿合作的积极性，使幼儿对情境感兴趣。情境的指导语对幼儿的合作也有重要影响，在指导语中，“我”比“我们”更容易产生归属感，因此更能唤起幼儿的合作行为。此外，5 岁左右的幼儿会通过利益判断产生合作的行为。从他们的行为中可看出，幼儿在合作的行为中也体现出对风险的规避。

幼儿在不同时期对合作的理解也有不同，高秀芝发现，由于幼儿通常将合作视为解决困难与完成目标的方法，虽然大部分幼儿能够辨别合作伙伴，但仅有少部分理解合作的益处。幼儿有时会将合作看成是解决难题的方法，这种情况在 4～6 岁的幼儿中常常出现，同时 4～6 岁幼儿能够意识到平行、谦让不是合作，但依然有半数幼儿无法区别轮流分享与合作的关系。因此大部分幼儿的合作行为表现为帮助、谦让或服从，处于简单配合阶段，对于合作的理解较为浅显。这与幼儿的思维发展水平也有直接关系，处于具体形象思维阶段的幼儿难以理解合作的本质。因此，在合作的各个阶段应建立目标体系，调动合作的积极性、使幼儿有意愿自主提出合作，指导幼儿的合作语言与规则，将协商运用在分工与互助的过程中。根据幼儿的不同身心发展阶段将合作的目标分层定位，使教师的教育更具可操作性，从幼儿的行为中分析其缺陷和进步，在不同的幼儿发展中看到自身教育的不足。

在工作中，教师将合作目标纳入日常生活和教育活动中，依据目标选择适合的教育内容和教育方式。活动结束后，教师要根据幼儿的表现进行反思，并不断对合作行为目标体系进行调整，使之更适应幼儿的发展需求。

（2）不断更新教育观念

家长与教师的教育观念对于指导教育行为有着重要意义。教育理念的更新不是追随潮流，而是探索适宜的教育方法。适宜的教育方法应该是符合幼儿的年龄特点，结合最近发展区，帮助幼儿在此基础上更进一步发展社会性的方法。具体来说，尽量给幼儿创造与同伴接触的机会，在与同伴的交往中给幼儿提供帮助与指导，在日常生活中用自己的行为潜移默化地为幼儿树立榜样，并且在需要强化的时机给予鼓励。家长与教师在教育过程中也需要反思与审视教育观念。对于教师而言，应该关注幼儿的细节行为，注重形成性评价与反思，关注在社交与合作方面发展缓慢的幼儿，及时与其父母沟通，在教师与家长的共同努力下提高幼儿的合作水平，同时更新自身教育观念，提升自身教育素养。对于家长来说，家长应重视家园合作，及时与教师沟通幼儿情况，使家园合作的效果一加一大于二。家园合作的影响不仅体现在幼儿身上，也体现在家长健康教育观念的树立上。家长之间也应积极沟通，分享经验和问题，不断改进教育方式。

（3）采取积极有效的教育策略

幼儿受其身心发展水平的限制，具有强烈的自我中心特质，无法主动地表现出稳定的合作行为。在自由活动中,教师可在多环节进行引导,让幼儿在等待、轮流与分享等过程中习得同伴合作的乐趣,让幼儿不仅将合作作为解决困难的途径,也能感受合作带来的乐趣,由此发展出更加稳定的合作行为,提升社会交往性。

此外,幼儿合作中的合作对象的因素与匹配方式会影响合作效果。与成人合作的儿童能够有计划地展开活动,倾向于使用复杂的策略,即成人与儿童合作的效果优于儿童与儿童的合作效果。同理,能力较弱的儿童与能力较强的儿童合作,会促进能力较弱儿童的认知水平提高。与此同时,信心也是影响幼儿合作行为的因素之一。低信心者容易在高信心者面前表现让步,也更容易接受同伴的观点。这就要求教师在组织合作活动时将年龄、认知水平与信心程度等因素加以妥善运用。

以上关于影响幼儿合作的因素主要侧重于关注合作对象、目标结构以及与任务有关的外部因素。内在人格家庭环境等内部因素也是影响合作行为的关键,例如,父母的工作价值观对幼儿合作意向有一定影响。当幼儿的合作意向低时,父母往往表现出重视经济利益以及强烈的支配欲望。此外,母子间接受性好的幼儿更善于合作,其侵犯和争吵行为较少。也就是说,当母亲的忽视性或约束性占主导地位时,幼儿在合作时表现出较少的合作行为。

家庭是幼儿出现合作行为的摇篮,事实上很多情况下,父母在引导幼儿合理解决日常生活的琐事时,就会表现出对于幼儿合作行为的认同倾向性。有学者认为,独生子女因为家庭环境的限制,在早期缺少合作机会,因此不利于合作行为的唤醒与产生。教师在对家长进行育儿指导时，提醒家长尽可能地鼓励、引导幼儿产生合作行为。这种合作不仅仅局限于幼儿之间的合作层面，还可以发展幼儿与成人之间的合作互动。

案例思考题

1．你认为案例中5名幼儿的合作性如何，应该给予怎样的评价？

2．关于幼儿的合作行为，家长应该做什么？

信任架起师生理解之桥

摘　要：师生关系随着学校和社会的发展日益更新，在当代社会，越来越强调学生的主体地位，师生关系也由单一的教师权威型转向了师生互动型，教学相长的理念慢慢被更多的教师与学生所接受。师生关系也是人际关系中的一种，其中信任又是人与人交往的基础与前提。对于当代新世纪的学生来说，他们独具个性有自己的见解和想法，对于教师的工作也保持一种批判性的眼光来看待。真正想理解学生、获取学生的真实想法，最重要的便是建立一种相互信任的师生关系，从而更加游刃有余地开展教学工作，同时形成良性循环，有利于建设良好的相互信任的班级氛围，形成积极尚学的学习环境。

作者简介：彭伟(1977～)，女，安徽涡阳人，安徽省涡阳县城西学区中心学校教师，中教二级，研究方向为英语教学和教育管理。

编制说明：作者对案例涉及的学校名称、人员做了必要的掩饰性处理；本案例仅供教学讨论之用，无意提倡或暗示某种管理理念、方法或体制比其他管理理念、方法或体制更为有效或合理。

记得刚参加工作的时候，我根本找不到为人师表的感觉。把握不好“权威的教师”和“知心的朋友”之间的度，因此有时我和学生在一起跳皮筋热得满头大汗，有时又被调皮捣蛋的学生气得泪流满面；课前会跟学生一起做做手工、说说知心话，课后又会忍不住斥责完不成作业的学生。常常听一些老教师说：现在的学生实在不好管，说重了不行，说浅了没用，学生中出现的问题越来越多，五花八门，师生之间越来越缺少相互信任，学生很少主动跟老师交流，老师也管得没劲。每每听到这些，我都是一笑了之，风风雨雨一路行来，我感觉“渐入佳境”，在我自身看来，我和自己班学生“心灵契合”。

我所看重的是构建良好的师生关系。师生关系为学校教育中一对基本的、核心的人际关系，会直接影响到教育教学活动的开展和教育活动质量的高低。建构良好师生关系有利于建构和谐社会，推进和谐教育。和谐人际关系有利于转变教育理念和实施素质教育，促进学生全面发展；同时，也有利于解决教育问题，改变不和谐师生关系的状况并提高学校教育教学质量。建构良好师生关系不仅需要教师和学生的配合，还需要家庭出一份力。

更深层次说，师生关系是师生信任的一个途径，师生信任与师生关系关联甚深。其一是双方关系是两人交往在某一个时间点的总结，它代表了他们过去的交往经验，也预期了未来交往的可能结果。教师要想教育好自己的学生，首先要拥有学生的信任。其二是随着师生关系的进展，双方相互的信任程度也会加深。因此，只有拥有了学生对自己的信任，学生才会听进去教师的话，接受他们的知识和思想。什么是信任？信任就是相信，可以依赖。信任作为一种保障感，用日常用语说就是“放心”，不必提心吊胆，担心对方不会照自己的期望或托付而“为自己”做事。信任可以缩短老师和同学之间的距离，消除老师和同学之间的隔阂，使师生关系更加融洽。老师和学生之间对于信任的要求相当高，它是师生之间相互沟通交流的桥梁。

关于师生关系的思考，使我想起学期初所亲身经历的一件事，这件事使我深深地认识了学生对老师的信任是多么重要。

在本学期刚开学时，转入我们班两位男同学，一位成绩优秀，另一位成绩则不太理想。我思量了一下，刘蕊蕊是班级学习委员，但上学期成绩暂时有所退步。为了保护班级尖子生，我把转来的这位成绩优秀的男同学排在她的身旁，希望他们能够互相促进，相互提高。但是由于我当时没说清楚名字，她认为我安排了一个后进生坐在她的身旁。开始她什么也没说，下课了她找到了我，说不愿和新同学做同桌！“怎么能不同意呢？年级前十名的同学与你坐在一起，不好吗？对学习该会有多大的帮助啊！”我心里大吃一惊暗暗想着，可嘴里却不能说，不然其他学生一定会觉得我这个老师做事不公，偏袒优秀生。“刘蕊蕊啊刘蕊蕊，平时我是多么偏向你，你怎么还不领老师的情啊！”我心里这样想着，因此一种冲动的情绪陡然涌上心头，我狠狠地批评了她，这下看她哭吧。我就纳闷了：一向活泼开朗的她，今天不会因此而委屈至此吧。没办法，我只好给她重新安排了其他的女生坐在了一起。

我以为这件事就此结束了。可是事后我才知道当时的做法是多么的轻率,一个小小的误会往往会破坏常年积累起来的信任感。

放学后,我回到办公室,一位同事忽然对我说,我班的那个女同学哭着给家长打电话,说了一半就挂掉了。我一下子意识到问题的严重性。不知刘蕊蕊和家长说了什么,但是此时能做的便是先了解情况,沟通一下吧!

电话打通了,刘蕊蕊的家长很生气,说给孩子安排的同桌是个男生也就罢了,还是个后进生!小孩不同意,你还批评她。我强忍着心中的怒火,听完家长"义正词严"的指责,我道出了实情又能怎样呢?怪我事先没有沟通好,一厢情愿。为了我们班的优秀率,为了我的那么一点"小私心",我才这样安排,看来刘蕊蕊同学还是没有体会到我的良苦用心啊!我是想让整个班级每位同学的成绩都有所提高。而家长也是不分青红皂白一味地指责,现在我也感到莫大的"委屈",甚至有点责怪刘蕊蕊这么点小事就跟家长打电话。

后来我才知道,班里大多数同学已经很了解转入的这两位新同学的情况了,成绩不理想的那位男生很调皮,在原来的班级根本就没人愿意和他同桌。可是我却不知道学生们已熟悉情况,刘蕊蕊同学误以为她身边的那位同桌就是这个"捣蛋鬼"。发生了这样的事,说到底,是我和学生之间缺乏了解,缺乏沟通,而导致信任出了问题。

这次信任危机反映的问题是:刘蕊蕊对我没有起码的信任感,她不认为我会给她安排一个优秀的同桌来促进她更好地学习。

我为此感到很失落挫败——作为一名班主任，和自己班级的学习委员之间缺乏信任感，这是一名教师不希望看到的。我想该澄清一下了，要是同学们都像刘蕊蕊那样想，势必会影响他们的学习劲头。班会课开始了，我像往常一样走进教室。

“同学们，前两天排座位，我本来想让李军（年级前十名）和刘蕊蕊同学坐一起，李军的数学好，可以帮助刘蕊蕊。而朱子俊（成绩不理想）上课容易做小动作，我安排他和班长王超坐一起，因为班长平时能严格要求自己，自律性特别强，这样有利于朱子俊遵守课堂纪律，认真听课。没想到，事先我没有沟通好，闹成了误会。为此，刘蕊蕊要转学，我想这没必要，如果一定想转班，我也同意。对此，我因事先没有沟通好而产生的误会一事深表歉意，希望不要影响刘蕊蕊乃至其他同学的学习。咱们班一直是模范班，就是因为同学们的互帮互助，团结一致，我一直在你们身后支持你们，希望你们信任老师，在人生道路上，我会是你们的引路人，我会对你们不离不弃！我们应该为建设更和谐、团结、积极、上进的班集体而更加努力！”虽然刘蕊蕊课堂上没有什么反应，但我发现课下她又恢复常态，和同学们正常交流了。

接下来的几天，我不时发现私下里几位同学总是悄悄说我“偏心眼”，然后调皮地一笑跑开了。也会有几个同学像以前一样跟我聊聊心事、困惑甚至班级里的小八卦。对于像刘蕊蕊同学这样的事要避免其实是很容易的，那就是建立一种信任——最起码的友谊信任感。我反思了自己，认为要加强与学生之间的信任感还要做好以下几个方面：

首先要经常到学生中去，多和他们谈心，了解他们的内心世界，帮助他们，照顾他们，让心与心走得更近。只有相互信任才能无话不谈，以后沟通起来才会更容易。

其次，守信是基础。言必信，行必果。作为老师的我们，更应该言出必行，在学生心目中树立自己的威信。在平常的教育教学中，为了激励同学们积极向上，努力学习，除了给予他们精神鼓励外，我还时常给予一定的物质进行奖励。这在很大程度上也调动了他们的学习积极性。当学生们取得优异的成绩，拿到我亲手发给他们的奖品——或是一个笔记本，或是一支钢笔，或是一本读物时，我想在他们脸上露出的笑容里，包含的不单单只是自己获得的这些价值几元、十几元或是几十元的奖品吧，还有一种更值得他们欣慰的就是老师的诚信！“身教胜于言教”，是的，只有我做到了，学生们才会更加信任我！

最后通过平常的生活学习，广泛取材关于诚信的例子，让每个学生心里都树立丰碑——信任无价！在班级里有信任而形成一种合力，建立一个人人都讲信用的班风，从而形成和谐、团结、积极、进取的班级新风尚！

【案例分析】

教师要想取得好的教育教学效果，必须得到学生的信任。那么，要赢得学生的信任，教师该怎么做呢？

第一还是要正视自己的思想，是否真的存在偏心的情况。在教学和日常工作中要善于发现每位学生身上的闪光点，带着欣赏学生成长的眼光，才能真正做到因材施教，才能真正和同学们建立信任感。古人云，三人行必有我师焉，择其善者而从之，其不善者而改之。要在自己和学生身上推行这种善于发现真善美的常态，有了信任的基础，教师也好学生也罢都会相应地建立信任，从而促进学生相互学习、师生教学相长，推动建设良好的班级风气。

第二是从关爱学生中巩固学生的信任。教师关爱学生是教师的天职，教师从事教育活动的过程就是播洒爱的过程。教师饱含着深厚的爱去参与教学，一定会在师生间激起朵朵美丽的浪花。关怀学生的生活，关心学生的学习，关注学生思想成长，给学生以及时的支持和鼓励。用动之以情的行为去感染学生，使教师成为学生的知己。师生间就有了相互对话的空间，师生间的关系更为亲近。教师得到了学生的信任，学生就会毫无保留地倾诉自己的喜怒哀乐。信任在关爱学生中得到了巩固。

第三是从传授知识中强化学生的信任。教育家马卡连柯曾说过这样一句话："假如你的工作、学问和成绩都非常出色，那你尽管放心：他们全会站在你那边，决不会背弃你；相反的，不论你是多么亲切，你的话说得多么动听，态度多么和蔼，不论你在日常生活中和休息的时候是多么可爱，但是假如你的工作总是一事无成，总是失败，假如处处都可以看出你不通业务，假如你做出来的'成绩'都是废品和'一场空'——那么，除了蔑视之外，你永远不配得到什么。"学生对你的价值的理解，对你信任的程度，往往不是看你懂得多少，而是看你能教会他们多少。因此，教师应勤学、善学，丰富自己的知识储备，并积极改进教学方法，提高教学艺术，从传授知识中强化学生的信任。

第四是从相互理解中获取学生的信任。理解并非是迁就，更不是随波逐流。理解学生应从学生的举止言谈中分析学生的思想动态，从学生所处的家庭、学校、社会的环境中分析学生的心理素质，从而适当调整教师的教育方法。金无足赤，人无完人。教师从循循善诱的谈话中引导学生发现自己的长处，从晓之以理的教育中启发学生认识到自己的缺点，在相互理解中获取学生的信任。否则，如果教师针对学生的错误行为一味地横加指责、批评，就会导致师生间信任桥梁的断裂，师生关系的疏远。

教育学的概念——公式起点论中，基本的概念是复制和传输，公理便是人的基础发展是通过遗传和非遗传两种因素的复制实现的，而非遗传因素的复制是通过人际传输实现的，非遗传因素的人际传输便是教育。站在非功利主义的角度，透过教师教书育人的现象看本质，那么这种学校教育活动则是一种普遍却特殊的人际传输。而学生如何“复制”教师的行为，便强调教师自身要有极高的素质和良好的品行，教师交给学生百分之一百，学生可能会学到百分之六十，如果教师本身只输出了百分之八十，那么学生可能只学到了百分之四十八。这也就是启示教师，在工作中要做到严于律己，想获取学生的信任不是通过手段或者隐藏自我，而是需要成为让学生值得信任的教师。学生在教师身上能够看到榜样，一言一行便会不由自主地学习模仿教师，加之教师的关心，建立信任感也就只是时间的问题。同时，信任的问题不是一个附加因素，而是一个必要因素。反过来想想，如果教师与学生之间相互掣肘，彼此不信任，那么结果会是多么的可怕。这个可怕的结果不仅仅是指一个教学事故，更可能是影响这名学生的一生，包括他今后对于教师这个群体的不信任，从而在学业、生活各方面影响他，长此以往才是教育工作者不想看到的可怕结果。

此外，获取信任的过程也是前进性与曲折性统一的过程，除了做好自身的品德行为建设，教师也需要加强家校的联系合作，积极与家长沟通。随着科技的发展、信息时代的到来，家校合作的理念也逐渐受到人们的关注，家校沟通成了人们热议的主要话题。网络家校互动平台正是这种不断发展的教育理念在教育技术上的支持。作为一种新的技术，在使用中存在着一些不完善的地方，影响了家校间沟通。电话交流看不到表情，只是简单的语言陈述，不利于建立师生及家长之间的信任。由于家长和教师在很多维度上都是目标趋同的，发生事情要先了解清楚，教师要努力与家长建立一种相互信任的机制。这样即使学生误解了教师的本意，家长也可以给予适当的解释，劝慰孩子相信老师，这不仅有利于学生自身的成长，而且还可以更好地推进教育教学工作。

教育无论怎样改革，都不能偏离时代要求的轨道。学习文化知识固然重要，健全的人格、健康的心理更重要。我们该怎样引导我们的学生明辨是非？该怎样说服他们摒弃假丑恶拥抱真善美？该怎样教会他们适应社会又人格独立。这些应该比考试考了多少分重要得多，难度也大得多。所有这些都要建立在信任的基础上！亲其师，才能信其道！

教书就要先育人，育人需要信任，人与人因信任才能更好地沟通，让我们张开双臂，用我们博大的胸怀去拥抱信任吧！把有意义的事情做得有意思，把有意思的事情做得有意义。

案例思考题

1. 你如何评价案例中的老师“排座位”的做法？
2. 你认为建立良好师生关系的关键是什么？
3. 结合自身的教育经历，谈谈与学生交往的案例。

如何有效调控课堂

摘　要：一位刚参加工作不久的年轻女老师，怀着满腔热血投入工作，然而，慢慢接触学生以后，她却在理想的职业目标与平淡的生存现实之间产生了巨大的反差和失落，感到疲劳、焦虑和无助，工作积极性下降，甚至产生一种消极的逃避心态。在一次公开课上，没有充分了解学生的情况下，她准备现场发挥，结果，恰巧提问到了班上最自以为是、爱出风头的同学甲，于是，本该是一堂精彩的公开课，却戏剧性地演变成了一堂激烈争论学生甲脾气怎样、有无礼貌的讨论课，课堂一度出现失控局面，台下听课老师更是一脸尴尬。由于经验不足，年轻的女老师不知所措，最后，让学生甲回座位，不再提问学生甲，从而结束了这一令人尴尬的场面。

作者简介：赵玉春(1976～)，女，安徽涡阳人，淮北师范大学附属实验小学教师，小教高级，研究方向为语文教学和教育管理。彭伟(1977～)，女，安徽涡阳人，安徽省涡阳县城西学区中心学校教师，中教二级，研究方向为英语教学和教育管理。

编制说明：作者对案例涉及的学校名称、人员做了必要的掩饰性处理；本案例仅供教学讨论之用，无意提倡或暗示某种管理理念、方法或体制比其他管理理念、方法或体制更为有效或合理。

教育是以现有的经验、学识推敲于人，为其解释各种现象、问题或行为，其根本是以人的一种相对成熟或理性的思维来认知对待，让事物得以接近其最根本的存在，人在其中，慢慢地对一种事物由感官触摸到认知理解的状态，并形成一种相对完善或理性的自我意识思维。教育也是一种教书育人的过程，可将一种最客观的理解教予他人，而后在自己的生活经验中得到自己所认为的价值观。教育不是机械地单向传授知识，而是师生的共同活动，它包含了人与人之间的复杂关系，这就使教育活动超出了“科学”的范畴，具有艺术的特点。教育的艺术不仅表现在它的形象性、情感性和创造性上，而且还体现在教师的教育机智上，高超的教育机智可以使教育艺术锦上添花。

教师的教育机智是教师在教育及教学过程中的一种特殊定向能力，是指教师对学生活动的敏感性，能根据学生意外的情况，迅速而正确地做出判断，随机应变地及时采取恰当而有效的教育措施解决问题的能力。教育机智是教师良好的综合素质和修养的外在表现，是教师娴熟运用综合教育手段的能力，更是教师从事教育工作的一种重要的心理能力。教师工作的对象是具有不同性格和复杂心理活动的学生，在教育教学过程中随时都可能遇到事前难以预料的特殊问题，因此需要教师具有一定水平的教育机智。教育机智能力强的教师往往能够对突发的教育问题沉着应对、巧妙处理，收到良好的教育效果；而缺乏教育机智的教师则往往相反，使一些简单的问题复杂化，严重伤害了学生的心灵，导致教育工作上的挫折和失败。如果教师缺乏所谓的教育机智，无论他怎样研究教育理论，永远也不会成为实际工作中的好教师。由于教育教学活动过程中的瞬息变化和学生个性特点的千差万别，在施教过程中难免会出现一些意外事件，这些意外事件是偶然发生的，因而加大了解决事件的难度，这就需要教师高度重视，有效地调控课堂，妥善解决而不影响教育教学任务的完成。

周老师，是一位毕业不久刚参加教育工作的年轻老师，和绝大多数新上任的班主任一样，她早早地就开始构思如何去管理带领自己即将接手的班级，学习了很多名家的教育理念，可谓雄心壮志。慢慢地接触学生以后，学生的许多行为、习惯与自己期望差距太大，同样的问题第一次耐心教育，第二次还能屏住气，第三次、第四次就不那么有耐心了。她感到困惑的是对于同一个问题反复强调但学生还是屡禁不止，面对这样的学生，她才发现平时积累的那么多的班级管理理论毫无用武之地。在不断地忍耐、说理无效的情况下，她终于爆发了，在班级上发火了，而此时，班里有些调皮的学生看见老师的发作似乎有着一种莫名的成就感，不感到任何愧疚，依然我行我素。对于班级纪律方面，周老师作为一个新老师，本打算和颜悦色、以德服人，通过说服教育来管理，但一些胆大的学生却故意大声说话、做小动作，脸上还挂着一副你管不了我的样子。因此，在课堂上就出现了老师费心教、学生不爱学的状态，遇到突发状况，更是措手不及，状况百出。周老师面对满腔热情的投入与高耗低效的回报已是身心疲惫，工作热情明显降低，正处于教师专业发展较为困难的时期，心里产生强烈的挫折感和失落感。不久前学校要她上一节公开课，但是此时的她并没有尽快适应学校的教育教学工作，在没有充分准备的情况下，她打算那天现场发挥。

学生甲，作为独生子女从小娇生惯养，平时在家犯了错误，家长说不得骂不得。学生甲从小就养成了很多不良习惯，脾气火爆，爱出风头，经常一不顺意就莫名其妙地跟父母发火，问他原因，要么爱答不理，要么用"烦死了、别问了"做出回应。其学习成绩一直处于中下游，班主任反映他经常在课间自顾自地发表演讲，刚开始同学都被他吸引，渐渐地发现他总是夸夸其谈、自说自话，同学们也就习以为常，任他说什么也不理会他。他在课堂上总是搞小动作，尽管他有能力完成作业，但却经常拖拖拉拉，时写时不写。老师问他时，他一脸骄傲，说作业对他来说太简单，做作业就是浪费时间，还不如做点有意义的事。为此，老师多次找其家长沟通，结果刚好没几天，他又以各种理由不完成作业，老师对他感到很头疼。

那天的公开课是借班上课，年轻的周教师由于课前没有和学生交流，不了解班级学生的整体情况，她不知道班上有一个让所有老师头疼的"人物"——学生甲，他平时自以为是、爱出风头，对老师也很不尊重。年轻的周老师在让学生进行自我介绍时，恰巧提问到学生甲，学生甲在讲台上介绍完自己的姓名、所在学校、班级以及自己的特长爱好之后，周老师随口表扬，说这位学生是个能说会道的人，将来一定会成为一个演说家。谁知同学甲听到这话很激动很兴奋，得意俯视着台下的同学，在讲台上更来劲了，完全不顾台下听课老师和同学的感受。当周老师请他回座位的时候，他说："老师，我还想再多说点。"老师同意后，他说："大家都知道，我在班级里有几个'最'，一是读书最多……"这时台下其他同学发出不服气的声音，一人小声嘟囔"就你还读书最多呢，作业都不认真写，还好意思夸自己呢，""你读的书最多？吹牛！某某某才是读书最多的！"教室里随后响起一片哄笑声，然而同学甲并不理会，继续发表演讲"二是我脾气最大……"这时台下一学生乙举手说："老师，我要反驳他，他不是脾气最大，而是脾气最暴。"学生甲并不服气，反驳道："你是嫉妒我吗？就在胡言乱语！你才脾气暴呢！"这时，另一个学生丙又举手说道："老师，他不光脾气最暴，还是个没礼貌的学生。"接着，这位学生丙又举了例子来证明这位学生甲没礼貌，"有一天，老师排位，因为对座位不满意他就摔板凳！"另一同学也很激动，高高地举起手，迫不及待地说："老师，老师，还有一次，他先惹别人，两个人打起来了，老师知道后来调解，他在老师面前还百般狡辩就不承认自己的错误。"此时，课堂上处于一种激烈争论学生甲脾气怎样、有无礼貌的状态之中。由于课前没有预设到这种情况，面对激烈争论一片混乱的课堂，台下听课的老师也是一脸尴尬，周老师不知道该怎样正确引导，课堂曾一度出现失控的局面，最后，当学生甲的话告一段落之后，周老师急忙道："你总结完了吗？请回。"学生甲显然意犹未尽，说道："老师，我还没说完呢。"周老师再次说："请你暂时回到座位上去！"学生甲也只好无奈地走回座位。此后在上课过程中，这个学生甲再举手，周老师就没有叫他回答问题了。

课堂管理是教师为了完成教学任务，调控人际关系，和谐教学环境，引导学生学习的一系列教学行为方式。管理好课堂是开展教学活动的基石，教师必须不断提高课堂教学管理技能。每一位教师在具体课堂授课的同时都要面对课堂管理，课堂管理是教师对课堂的整体把握，是保证教学过程顺利进行不可或缺的。在面对学生各种表现，特别是一些意外情况和偶发事件时，教师要灵敏及时地做出反应，并采取恰当措施解决问题。上述案例对于教育工作者，特别是缺少课堂管理经验的年轻老师来说，值得反思和借鉴。面对课堂突发事件，要做到以下几点。

第一点，教师要有高尚的师德修养。作为教师要有高度的责任感，在任何时候、任何情况下，都不允许自己随心所欲、不负责任地对待学生。案例中的年轻女老师，由于缺少经验，为了让教学内容能按自己的预设上完，最后让学生甲回座位，并不再提问该同学，这种做法有可能使学生自尊心受到伤害。之所以出现尴尬的局面，是因为老师没有事先对学生进行充分的了解。所谓的教育机智并不是随心所欲的“灵机一动”，对学生的深刻了解才是形成教育机智的前提。教师只有对学生的年龄特征、知识水平、个性特点和行为表现的每一个细节都了如指掌，才有可能充分估计到学生接受教育的可能性；才能预见到学生在受表扬或批评后将会发生何种变化，其他同学将受到何种影响；才能选择适当方式和口吻，果断采取有效措施，使教育工作取得预期的成功。案例中的老师恰恰缺乏对学生的深刻了解，才导致课堂一度失控。

第二点，教师要有丰富的知识经验。知识、经验是能力提高和发展的基础，没有足够的知识和丰富的经验，就不会有较高的能力，教育机智是教师在学习教育理论、专业知识，努力参加教育实践的过程中形成的，教师不仅要有扎实的专业基础知识、广博的文化修养和丰富的教育理论知识，而且必须具备从事教育教学工作的基本技能和能力、专业理想、专业道德、专业情操、专业性向、专业自我等等，只有这样，才能满足学生强烈的求知欲和好奇心，不至于被学生的难题“问倒”。在课堂教学中，教师除了“教”的任务外，还有一个“管”的任务，也就是协调、控制课堂中各种教学因素及其关系，使之形成一个有序的整体，以保证教学活动的顺利进行。课堂教学是一种极其复杂的劳动，教师要认真准备，尤其对于一些年轻教师而言更应如此，案例中的年轻老师虽然刚入职，经验不足，但在这种情况下依然没有认真备课，把课堂教学当作“儿戏”，仅仅准备靠自身的临场发挥，忽视了教学中对学生的预设，所以在面对学生失当行为时，没能镇定及时地采取相应的对策化解矛盾，摆脱窘境。

第三点，教师要有良好的心理品质。教师应该具备敏锐的观察力、灵活的思维能力和积极稳定的情感，以向上的心态感召学生好学、乐学，与学生共同进步。有效的课堂管理是建立在周密地观察、了解学生心理活动的基础上的，没有教师敏锐的观察力，也就谈不上教师巧妙的教育机智。具有思维敏捷性的教师善于从突发情境中，敏锐地发现问题的实质，迅速做出判断，明确问题的症结所在，迅速提出解决问题的方案与方法。所谓积极稳定的情感，指的是热爱学生的情感。教育机智的发生是以热爱学生、尊重学生的情感为前提的。一个爱学生的老师，在关键时刻不仅可以机智灵活地应对，而且应对地从容自然。一个在教育教学中灵活应用教育机智的老师必定有新时代的先进的学生观，有为祖国培养未来建设人才的思想境界和爱生就是关爱未来接班人的信念，人格高尚，心地善良，爱生如子，甚至胜过爱自己。没有这种对学生高度负责的精神和非常忠诚的教育态度就会敷衍塞责、得过且过，要么对学生听之任之、放任不管，要么动辄体罚学生、态度粗暴，成为学生发展道路上的阻碍者和破坏者。唯有境界高尚、热爱学生，才能打动学生，用爱心抚慰孩子受伤的心灵。热爱学生不仅是教师献身教育事业的原动力，而且也是教育机智赖以生长的土壤。其实，案例中的学生甲只是希望得到别人，特别是老师的肯定，所以才会在讲台上长篇大论，老师只要因势利导，就可以化解尴尬局面。而周老师因为该学生的言行就否定了这个学生，自己情绪上也受到影响，更谈不上关心爱护学生，所以难以有“灵光一闪”的办法解决问题。虽然说忠言逆耳利于行，但是现在独生子女环境下的孩子对于一些威胁和埋怨式的批评，很难感到老师的关心，所以不会真心接受，也就不会积极改正，批评就失去了意义。所以，老师要用自己的真情水滴石穿，打动学生。

第四点，教师要善于捕捉教育时机。教育情境是不可预测的，也不允许教师停下来仔细思考再作决定，教育情境出现时，老师对微妙的情境要十分敏感，必须迅速做出反应。机智在此时往往能在关键时刻因“机”而发，随“机”闪现。机智之所以具备情境适应性和快速反应性，是因为它能够理解所看到的东西的意义，能感受到情境的重要性和紧迫性，能知道做什么和如何做，而且能够将某事做得很贴切到位。这种瞬间展现的机智是感知力、理解力、洞察力及直觉协同作用的结果。因此，教师要发挥教育机智，就要善于把握瞬息万变的情境，时刻在意想不到的教育情境中表现出积极的状态。除了要善于把握教育情境外，教师还要善于在教育情境中捕捉教育时机，学会观察，善于利用周围环境潜在的资源，从学生的表情、动作、眼神中捕捉其心理变化，并抓住变化的瞬间，机智、灵活地进行有效的引导和教育。有效地调控课堂，发挥教育机智的目的是更好地促进学生的发展，所以，还要关注学生的体验，学会换位思考，把握并理解学生的心情，把学生看作主体，而不是客体。马卡连柯说：“教师在自己的教育事业中，应当高瞻远瞩，用欣赏的眼光看待学生的优势智能，适时、适当、具体、切实地赞美他们。”案例中当学生甲介绍完自己的姓名、所在学校、班级以及自己的特长、爱好之后，周老师就应及时总结，一方面夸奖他口才好，给学生鼓励；另一方面要观察周围情境的细微变化，看看台下听课老师和学生的反应，接着老师可以请学生甲课下单独表达，不能把课堂交给一个学生，要把自己当作课堂的主导。总之，有效的课堂调控需要教师对学生的热爱和对事业的敬业、爱业精神及对教学艺术的探求，需要教师博学多识、情感丰富、耐心细致和幽默机敏，等等。

第五点，教师要时时维护课堂秩序。课堂秩序，是指教师在授课过程中，保持和维护课堂纪律，这是提高教学质量的重要条件。对于教师来说，课堂秩序是保证课堂教学顺利进行的前提和基础，保持良好的课堂秩序能够推动课堂学习的效率。教师心中要有一套管理课堂的方法，对于课堂上出现的扰乱教学或者乱糟糟的课堂氛围，教师要及时采取措施。一方面随着新的文化价值观的确立，在批判传统课堂秩序的基础上，教育面临的重要任务就是要建立一种尊重学生的自由和保障学生的权利的新的教育规范或制度、教育理念和教育实践方式。就是说建立课堂秩序是以尊重学生为前提的。另一方面教师也要采取必要的奖惩措施，奖励为主，惩罚为辅，去保障课堂教学顺利展开。案例中的周老师在面对激烈争论和一片混乱的课堂中，应适当地约束，对于先安静下来的同学给予表扬并加以引导，尽快使课堂恢复秩序。采取一定方法，不听之任之，也是教学的一种手段。当出现一些意料不到的挑战时，需要付出卓越的智慧给予关注，随机应变。在教学过程中，维持课堂秩序要时时进行，老师也需要有适当严肃的面部表情，既能驾驭教材，又能驾驭课堂。作为年轻教师，教学经验有限，除了要更新教学观念外，还要不断改进和创新方法，多站在学生的角度设想，充分发挥学生的主体作用。这样才能形成井然有序的课堂秩序，提高教学质量，更好地促进学生的发展。

案例思考题

1. 你如何评价案例中周老师调控课堂的做法？

2. 你认为案例分析中提出的调控课堂的方法是否有效？结合自身教育情况，谈谈自己的看法。

3. 谈谈一节好课的标准。

4. 思考教育机智对有效调控课堂的作用。

以创新创业为导向的高职心理健康教育

摘　要：创新创业教育需要注重学生心理素质的培养，包括良好的自我统合能力、人际交往能力、挫折应对能力等。以创新创业为导向的高职心理健康教育，可以通过课堂主阵地、日常宣传教育，尤其是基于团体心理辅导模式的心理训练营的路径实现。

加强和改进大学生心理健康教育是新形势下贯彻落实全国教育工作会议和《国家中长期教育改革和发展规划纲要(2010～2020年)》精神，促进大学生健康成长、培养造就拔尖创新人才的重要途径，是全面贯彻党的教育方针、建设人力资源强国的重要举措，是推动高等教育改革、加强和改进大学生思想政治教育的重要任务。

2015年5月国务院办公厅发布了《关于深化高等学校创新创业教育改革的实施意见》，将高校的创新创业教

作者简介：刘春丽，女，安徽淮北人，淮北职业技术学院教师，研究方向是心理健康教育；曹珍萍，女，河南驻马店人，淮北师范大学教育学院教师。

编制说明：按照调研学习及当事人的要求，作者对案例所涉及的学校名称、人员及相关数据，做了必要的掩饰性处理；本案例仅供教学之用，无意提倡或暗示某种管理理念、方法或体制比其他的理念、方法或体制更为有效或合理。

育推向了深入发展阶段。

深化高等学校创新创业教育改革，是国家实施创新驱动发展战略、促进经济提质增效升级的迫切需要，是推进高等教育综合改革、促进高校毕业生更高质量创业就业的重要举措。

创新人才的培养，重在以人为本，重在创新意识建立。实施创新创业教育首先要分析当前大学生的特质，培养其主动将专业知识与创新创业事业相结合的能力。心理素质是影响大学生能否顺利走上创业之路的主要前提，也是制约其能否创业成功的关键内在因素。一个人在创新创业过程中，首先需要具有超越传统的勇气，也要具有调动自身智力和潜力的能力。创新会有风险，这需要创业者具有面对风险不退缩的胆量与果敢。创业可能失败，这需要创业者具有面对失败不气馁的坚毅与勇气。

这一切都需要准备创业的大学生具有良好的心理素质以及调整负面心理的能力。因此，培养大学生的良好心理素质，促进心理健康，已成为高等教育的重要任务。创新大学生心理健康教育方式也是确保高校创新创业教育改革的重要基础。

淮北职业技术学院是"安徽省普通高等学校毕业生就业工作先进集体""安徽省普通高校思想政治教育评估优秀单位"，2008～2012 年间 5 次被授予"安徽省普通高校毕业生就业工作标兵单位"，2010 年被评为"安徽省普通高校大学生创新创业教育示范学校"。该校在实际工作中发现，学生的心理素养是关系到初岗就业和后续发展的重要因素。因此，围绕大学生就业，该校探索出一条既符合学生身心发展的实际需求，又同时满足时代发展要求的以创新创业为导向的心理健康教育新模式。

一、缘起：创新创业需要注重心理健康教育

创新创业教育作为一种全新的教育观念和教育实践在国内外高校引起了高度重视。创新创业素质的培养已经成为我国高等教育的一个重点和难点。如何构建完善的大学生创业素质培养的课程体系，也成为新常态下我国高等教育的重要课题。国务院办公厅《关于深化高等学校创新创业教育改革的实施意见》的出台，标志着高校创新创业教育上升为国家战略，这是基于“大众创业、万众创新”的时代背景，核心在于激发人的创造力，尤其在于激发青年的创造力。青年愿创业，社会才生机盎然；青年争创新，国家就朝气蓬勃。高校需要以创新创业教育引领人才培养改革，把创新能力作为人才培养的要素，完善教学、配套政策、分类指导、强化激励、整合资源、注重实践，全校总动员，协同共推进，努力营造“敢为人先、敢冒风险、宽容失败”的氛围环境，培养学生“敢为人先、追求创新、百折不挠”的创业精神。创业精神的培养，前提是学生具有优秀的心理品质。所以，创新创业需要注重心理健康教育。

促进高校创新创业教育快速发展，其重要前提就是培养大学生良好的心理素质。良好的心理素质主要包括健康的心理状态和心理调整能力。因此要创新和发展大学生心理健康教育方式，高校教育工作者应针对大学生的心理健康水平和心理调整能力实施培养。

（一）创新创业需要良好的自我统合能力

自我统合是一种个人自我一致的心理感受。一个具有良好的自我统合能力的人能够清楚地认识自我的心理和生理特点，看清自我的社会优势和劣势，正确地认识和评价自己，正确回答“我是谁”“我将走向何方”的两大命题，既不自卑也不自负，积极乐观地投入生活，而这正是一个创业者的基本素养。

大学生的年龄多在18～25岁，这个年龄正处在青年期。按照埃里克森的心理社会发展理论，自我统合是青年期人格发展的中心任务，青年期是自我统合形成的关键期。由于身心两方面都产生了很大的变化，在青年期，人们开始从自我现况、生理特征、社会期待、以往经验、现实环境、未来希望这六个方面来思考关于“自我”的问题，自我统合是个体自我了结与自我追寻的必经历程。

大学生自主创业也要看自己擅长什么行业，喜欢什么行业，只有喜欢这个行业才会做好，才会感觉到工作并不是很辛苦。所谓三百六十行，行行出状元，重要的是自己喜欢热爱，愿意为此付出。

（二）创新创业需要良好的人际交往能力

人际交往能力是一个人妥善处理组织内外关系的能力，包括与周围环境建立广泛联系和对外界信息的吸收、转化能力，以及正确处理上下左右关系。现代企业的管理模式，也日渐从“金字塔式”向“网格式”管理过渡。创新创业不是一个人单打独斗的工作，而是需要组建团队协同工作。创业者是团队的核心，但也仅是团队的一员。

一个创业项目若要取得成功，需要创业者会沟通、会表达、有极强的人际融合能力，有利他奉献的人生观、处理好情理法的度，才能带好团队、开展好工作。而大学生正处在由原生家庭生活到社会生活的过渡期，如何更好地跟他人相处，学会与人共事也是大学生活的重要内容之一。

（三）创新创业需要良好的挫折应对能力

2000年以来，国家出台了一系列鼓励大学生自主创业的政策，在社会就业压力和成功创业者的示范鼓励下，大学生开始积极投身创业实践。商场如战场，胜败乃兵家常事。受社会经历、知识储备和人脉资源等多方面原因影响，大学生创业成功率往往不高，很多大学生创业者会在创业之初频繁遭遇挫折，这就要求创新创业的学生必须具有良好的挫折应对能力。创业需要一种毅力，就是一种坚持到底、永不放弃的毅力，要让困难害怕你而不是你去害怕困难，把解决问题当成一种乐趣，这样才能在创业期间不被压力压倒而越来越有拼劲，能够在随时有可能遇到的挫折中积极调整心态，乐观面对得失。

（四）创新创业需要良好的计划

创业不是说的，是要做的，做的前提就是要有一个合理的计划，在创业前制定一个切实可行的方案。比如，创新创业要做好市场分析，其主要目的是找出一个适合周围市场的行业，也就是说找出一个有竞争力和市场前景的行业，这样才会在前期的创业中减轻压力，也会更好地实现目标。

二、践行:以创新创业为导向的心理健康教育模式构建

(一)抓好课堂教学主阵地

课堂教学是培养学生创新创业心理素质的主要途径。淮北职业技术学院将心理健康教育、大学生就业创业指导和职业生涯规划等必修课程统筹规划,在教学过程中对创新创业部分进行了重点课程设计,注重通过这些课程的开展,对学生自我认知、人际交往和挫折应对能力进行培养。通过理论讲述、案例分析、小组讨论等多种教学方式和手段,提高学生对创新创业心理素质的重视水平,通过课程提升学生的自我统合能力。

如在大学一年级开设的心理健康教育课程中,让学生对职业生涯规划有一定的概念认识,对自我的优势、劣势、资源有明确的分析和清醒的定位,对舒伯、金斯伯格、格林豪斯、施恩、加里·德斯勒等的职业生涯发展理论进行初步的了解。在大学二年级,开设就业创业指导,让学生小组制作创业规划书,鼓励学生参加创业大赛。在大学三年级,将职业生涯规划列为实践课,让学生制作自己的生涯规划书。通过课堂教学的引领,让学生对自我有更清晰的认知。

(二)日常教育是创新创业心理素质教育的重要支柱

日常教育是课堂教育的有益补充,是创新创业心理素质教育的重要支柱。通过校报、广播、宣传栏、公众号等多种校内媒体加大创新创业知识尤其是必备的心理素质的宣传教育,以“创新创业宣传月”为抓手,通过辩论会、情景剧、电影展播等学生喜闻乐见的活动形式,针对

不同年级的学生开展生涯规划辅导、积极心态训练、情绪管理训练等，帮助学生提高心理素质，为创新创业做好准备。

（三）心理训练营是创新创业心理素质教育的可行之路

心理训练营，是指把有创新创业意向的同学组织起来，以团体心理辅导的方式，有针对性地提高该群体学生的自我统合、人际交往和挫折应对能力。团体心理辅导以自我探索、人际交往能力提升、压力挫折应对三大板块为内容。每个板块设计 8 次辅导内容，每次辅导时间为 2 学时，共 24 次，48 个学时，可集中在一周的时间内完成。用团体心理辅导的形式开展创新创业心理素质训练营，可以有效提升学生创新创业必备的心理素质，确保学生在创业前对自我有清晰的认识、对未来有合理的期待和明确的规划、对可能会遇到的压力和挫折有足够的心理预期。这是一种“短平快”却有效提升创业者心理素质的重要方法。

对创业大学生进行心理辅导，促进创业成功。依托学校心理咨询中心和心理健康协会，针对创业者在创业过程中变化的具体心态，开展“望、闻、问、切”式的心理咨询辅导，从而培养创业者健康的心理品质，提高创业者的适应能力和心理抗压能力。

（四）教师队伍建设是创新创业心理素质教育的基础

狠抓“心理咨询专业队伍”（专兼职心理咨询师）、“心理辅导育人队伍”（辅导员、班主任、德育导师）和“心理社团学生队伍”（心理社团、班级委员）三支队伍建设，定期开展心理健康专项能力提升培训，提高心理健康教育团队的专业化、全员化、自助化水平。近 3 年聘请校外专家为专兼职教师进行专业培训逾 400 学时，每周为专兼职教师提供固定的心理督导。注重发挥学生主观能动性，成立学生心理健康协会、常青藤服务团队等学生组织，每年组织面向学生团队的心理知识和技能培训。

（五）认识自我是创新创业心理素质教育的前提

创业，是职业生涯的重要决定。认识自我是生涯探索的第一步，是对“我是谁、我要做什么、我该怎样活着”等问题的探索。我的价值观、兴趣和能力，构成生涯发展规划的“一个中心、两个基本点”，是认识自我的重要途径。价值观潜藏于个体内心深处、积累了过往全部生活经验的态度和观念，体现着个人独到的风格与经历，代表着理想和真实的动机，而兴趣和能力，则以显示的方式，呈现个体实现理想的可能性，其中，兴趣是先导，缺乏兴趣难以维持长期发展，但能力是手段，缺乏能力再高再宏伟的理想也只不过是一个泡沫。生涯规划需要认识自己，回答自己能做什么，想做什么，还要考虑社会更希望我们做什么，在分析自我的基础上进一步分析环境，了解职业社会，使自己的兴趣、性格、特长与特定的职业相吻合，对于成年早期的大学生而言非常重要。创新创业，宏观上，应了解国家的发展形势与某些行业的历史与未来走势，还有当前的相关政策，了解创业中有可能要遇到的问题；微观上，还要了解自己所学专业的就业状况，做好知识储备、技能准备。所以，自我探索的心理训练，在创业之前非常必要。“20 个我是谁”、“我的五样”、“我的一生”、“我的优势转盘”、“我的生命线”和“价值观澄清”等主题心理活动，能够帮助有创新创业想法的同学正确认识自我，看清自我的价值观、兴趣和能力，客观评价创新创业的可能性和可行性。既可以帮助有创业意向的学生找准创业方向、整合创业资源，又可以减少学生盲目创新创业的冲动，提高创新创业的整体成功率。

卡耐基曾说：“在现代社会，人们事业能否取得成功，只有15％靠他自身的能力，而85％取决于人际关系”。人际交往是个人社会化的必经之路，如果没有其他个体的合作，个人无法完成生活所必需的知识技能，只有学会与人平等相处，才能自立于社会，取得社会认可，成为成熟的社会化的人，也只有成熟的社会化的人才有可能创业成功。团体心理辅导活动，是人际互动的实验室。一个人在团体辅导中的行为模式，就是他在社会中的行为模式。在人际交往能力提升板块，设计“齐眉棍”、“盲行”和“同心圈”等团体活动，可以让学生在活动中体会到人际交往的重要性，反思自我在人际互动中的不足，学习“我”在团体中如何找到更好的生存姿态。通过心理训练，学生可以改善人际交往中的不合理认知，快速找准自己在团队中的理想定位，对于自我的创新创业角色有更清晰的认识，并能够学会如何更高效地和不同性格特征的同学相互配合，增强创新创业团队的凝聚力和战斗力。

当下的中国处在社会转型的关键期，社会结构的变化、利益分配的调整、信息急剧的膨胀、社会生活节奏的加快、各种思潮的撞击，使得压力无处不在。选择了创新创业，更是选择了和压力同行。适度的压力，有利于激发斗志、提高活动效率。但是压力过大，超过个人承受的水平，就会阻碍活动的正常进行。所以，在校内学会管理压力，是创新创业心理素质培养的重要内容。在压力挫折应对板块，设计“破冰之旅”、“沉船一刻”和“我的墓志铭”等团体活动，让学生感受到压力和挫折会对心灵造成怎样的撞击，衡量自己的抗压能力，学会在压力和挫折面前如何有效地自我调节，就如同在创新创业之前打了一剂心理“预防针”，让学生对未来可能遇到的困难有了一定的心理准备，可以有效减少青年创业易受挫的问题。

创业是一种意识，是一种能力，更是一种精神。在“培育创新意识、培养创造能力和提升就业能力”的思维模式指导下，学校把学生创新创业教育作为学生培养的一种特有模式和一项重要内容，融入了学校的人才培养机制，贯穿于第一课堂与第二课堂。学校坚持“学校搭台、学生唱戏、多方实践、全面提高”的原则，强化学生的创业意识，激发学生的创业热情，让大学生从“被创业”变为主动创业。

时代呼唤创新，时代呼吁创业，在当代大学生中开展创新创业心理健康教育，我们势必会培养出大批的具有创新能力的人才，从而能给社会带来更多的就业岗位，使社会变得更加美好。当代大学生应加强自身历练，提高自身的各项能力，更有力地接受社会赋予的使命，从而成为社会的领跑者，走在时代前沿。

总之，培养学生“敢为人先、追求创新、百折不挠”的创业精神，需要注重学生自我统合、人际交往、压力管理等积极心理品质的教育。以课堂教育、日常活动和心理素质训练营为抓手，构建以创新创业为导向的心理健康教育模式。

案例思考题

1. 为什么高职院校需建立以创新创业为导向的心理健康教育模式？

2. 如果让你主持一期创新创业心理素质训练营，你会如何设计方案？

发展性全员高中积极心理健康教育模式实践与探索
——以淮北市S中学为例

摘　要：积极心理学为现代心理健康教育的发展提供了宽阔视野与鲜活动力。积极心理学理念推动着学校心理健康教育工作，淮北市S中学在实践中开拓和探索出“一个中心、两个视角、三个基本点”的发展性全员积极心理健康教育模式。在此模式的指引下，学校进行了一系列实践和探索活动，一定程度上增加了学校和社会正能量，同时也提高了学校心理健康教育工作的有效性。

随着社会对积极心理学的关注和深入研究，积极心理学对学校心理健康的推动和指引作用越来越大。本着积极心理学的理念，在学校的心理健康教育实践探索中

作者简介：李文贺，女，安徽宿州人，淮北市第十二中学心理健康教育负责人，主攻青少年心理健康教育研究。曹珍萍，女，河南驻马店人，淮北师范大学教育学院。

编制说明：按照调研学习及当事人的要求，作者对案例所涉及的学校名称、人员及相关数据，做了必要的掩饰性处理；本案例仅供教学之用，无意提倡或暗示某种管理理念、方法或体制比其他的理念、方法或体制更为有效或合理。

逐渐形成全员积极心理健康教育模式。

一、缘起及相关理论研究

积极心理学(positive psychology)是研究人的优势与幸福的一门心理学学科,旨在促进个体、群体和社会发展完善及自我实现。积极情绪、积极个人优势、积极组织是它的着眼点。积极心理学之父塞利格曼曾强调将心理学研究的关注点放在心理健康和良好心理状态方面。自此,心理学界掀起了积极心理学运动,关注如何发挥人类的优势和能力,帮助人们扩大和建立积极情绪。在此过程中,积极心理学与教育实践的对接也使心理健康教育产生了新活力,积极心理学也为现代心理健康教育的发展提供了宽阔视野与鲜活动力。

伴随着积极心理学的研究,积极青少年发展观(positive youth development outlook,PYD)在青少年研究领域出现。它关于青少年发展本质的观点,是从力量建构的视角界定和理解青少年的发展过程,强调青少年自身缊藏着发展的潜力,认为应该把青少年作为一种资源去培育,而不是作为问题去管理。

《中小学心理健康教育指导纲要(2012 年修订)》(以下简称《纲要》)指出心理健康教育的总目标是提高全体学生的心理素质,培养他们积极乐观、健康向上的心理品质,充分开发他们的心理潜能,促进学生身心和谐可持续发展,为他们健康成长和幸福生活奠定基础。《纲要》中将心理健康教育的教育目标定在培养全体学生健全的心理素质与个性品质和帮助个别学生消除心理问题两大方面。心理健康教育要兼顾二者,才能达到最大效果。而从根本上讲，培养学生健全的心理素质与个性品质这一预防和发展性的目标相较于帮助学生消除心理问题的目标更有积极意义。

《关于加强心理健康服务的指导意见》(2016)指出心理健康是人在成长和发展过程中，认知合理、情绪稳定、行为适当、人际和谐、适应变化的一种完好状态。心理健康服务指运用心理学及医学的理论和方法，预防或减少各类心理行为问题，促进心理健康，提高生活质量，主要包括心理健康宣传教育、心理咨询、心理疾病治疗、心理危机干预等。心理健康是健康的重要组成部分，关系广大人民群众幸福安康，影响社会和谐发展。加强心理健康服务、健全社会心理服务体系是改善公众心理健康水平、促进社会心态稳定和人际和谐、提升公众幸福感的关键措施，是培养良好道德风尚、促进经济社会协调发展、培育和践行社会主义核心价值观的基本要求，是实现国家长治久安的一项源头性、基础性工作。加强心理健康服务，开展学校心理疏导，是维护和增进师生身心健康的重要内容，是社会主义核心价值观内化于心、外化于行的重要途径，是全面推进依法治国、促进社会和谐稳定的必然要求。

孟万金在《论积极心理健康教育》中提出，积极心理健康教育是一种继承并整合了积极心理健康、积极心理治疗、积极心理学、积极教育等思想和实践的，从构建社会主义和谐社会的需要出发并创立的以积极和发展为取向，有目的、有计划地增进学生和国民心理健康的理论和实践体系。把心理健康教育的重心引向了用积极的内容、方法和手段来正面发展和培养个体的积极心理品质，同时防治各种心理问题达到促进个体身心全面和谐发展的目的。它的人性出发点是人的向善性，这跟马斯洛人本主义观点里认同人的自我实现需要是一致的。

基于此，淮北市S中学在近几年的心理健康教育实践中，努力探索发展性全员高中积极心理健康教育模式的实践和探索。

二、发展性全员高中积极心理健康教育模式的实探

（一）发展性全员高中积极心理健康教育模式的宗旨

发展性全员积极心理健康教育模式是在积极心理学的基本理念下建构的，它的基本构想是秉承积极心理学对人性的积极评价取向即人的向善、向上性和自我实现需要的积极价值取向，关注人和社会的积极因素，构建的是以“生本发展和心本积极品质”为核心特质，兼顾发展性和适应性两功能，全员参与的积极心理健康教育。发展性全员积极心理健康教育模式可以体现“一个中心、两个视角、三个基本点”。一个中心是指以学生发展为中心，学校一切工作的出发点和落脚点都是学生的发展，其中心理健康教育的出发点和落脚点是学生内在心理积极品质的提升对其发展的促进作用；“两个视角”即学生的健康健全发展为核心和更快更好社会适应的能力两者兼顾；“三个基本点”是指学生、家长和教师，以形成全员性和社会性合力，既关注全体学生，也关注教师和家长，构建全员性立体式教育结构。淮北S中学在近几年的教育实践中以建立、发展和推进“发展性全员高中积极心理健康教育模式”为载体，对发展全员高中积极

心理健康教育模式在高中的实践构建、实施与评价，进行了有益探索。

（二）发展性全员高中积极心理健康教育模式的内容建构

1. 积极心理学理念的引领与营造积极心理健康教育氛围

发展性全员高中积极心理健康教育模式的目标是提高全体学生的心理素质，培养学生积极心理品质和机能，促进学生身心和谐可持续发展，以期形成良好的心理素质、积极的人格意志品质，为他们健康成长和幸福生活奠定基础。学校心理健康教育的工作重心，应当放在培养学生内在积极心理品质和开发心理潜能上，具体包括：积极的思维品质、积极的情绪情感体验、积极习惯的养成、积极人格的塑造、积极认知方式的形成、积极意志品质的磨炼、积极心态的调整、积极组织与积极关系的建立等。发展性全员高中积极心理健康教育模式的目标以生本的发展性功能为核心，同时辅以适应性功能体现，既指向全体学生，又关注个体学生，即以“积极品质”为核心，又不否认学生问题的存在且在强调关注学生的同时也关注教师和家长。在此目标的引领并本着将此目标宣传与全员知晓并参与操作性目标指导下，学校通过各种大会小会、展板讲座、媒体网络、协商研讨等多种方式进行了积极心理健康教育氛围的营造，既普及了心理健康知识，又使学生、教师、家长等提升对积极心理健康的知晓度，树立全员心理健康意识，铺就了认知和心理认可的道路。

2. 建立健全积极心理健康教育组织脉络，打造全员参与制度

发展性全员高中积极心理健康教育模式的实施需要组织制度、领导机构和专兼职人员做好基本保障工作。学校在全校上下形成统一认识和氛围营造的同时，建立起以校长为组长的全方位立体式、全员参与重点突出的多层心育体系，将学校所有科室部门都纳入体系之中，全员参与各司其职。学校成立家长学校，组建家长委员会，制定家长学校工作制度，使家长力量参与其中，以更好促进组织发展。学校成立了心理健康辅导中心，建立了心理咨询室(阳光心语室)，制定了心理咨询室工作制度、危机学生干预与转介制度、心理志愿者服务制度等各种规章制度。健全的组织网络推进了学校心理健康教育工作制度的完善，人员充实，且健康发展。围绕学校心理健康教育的长期规划、近期目标和五年三年计划等，领导小组研讨制订每学年每学期的具体工作计划，专兼职心理教师负责实施，学校领导小组负责考核、验收。学科教师针对学科特点，编制心理健康教育渗透计划，进行积极心理健康的学科渗透。

3. 融合心理健康教育学科课程和选修性课程的校本课程建设

心理健康教育课程是学校心理健康教育的主要阵地和教育重点，也有利于科学系统地开展心理健康教育。自 2011 年心理健康教育课程进入淮北 S 中学学校课程体系，主要在开发学生主体性发展动力基础上以培养学生积极心理品质和机能，对各年级学生进行全方位、多形

式的积极课程，同时辅以定时定期的不同专题选修性质积极心理课程辅导系列。

有以促进学生内在动机的生涯规划和自信心培养主题辅导系列；以使学生更好控制自己生活的自我效能感、自我决定力培养主题辅导系列；以使学生更快乐为切入的幸福课主题辅导系列；以提升学生专注力为切入的心流体验辅导系列；以增加学生心理资本为切入的“智商情商逆商”三商辅导系列和以学生阶段心理成长为切入生命感恩教育及青春期教育辅导系列；男女生课堂特色课程校本课程等。这些课程结合各年级学生实际情况，注重课程的积极性辅导和积极心理体验，结合了心理常识普及、团体辅导、心理机能训练、心理辩论堂、心理情景剧、角色扮演、积极心理活动等多种形式进行。淮北S中学积极心理健康教育课程主要关注学生的积极优势激发、积极情绪培养、积极关系建立、积极应对策略、积极心理成长等心理阶梯层次成长，经过几年的尝试探索和研究积累，学校正在进行“高中积极心理健康教育”校本课程的研发。

（三）发展性全员高中积极心理健康教育模式的功能

1．积极心理学升华学校心理健康教育的目标

学校心理健康教育作为一项复杂的系统工程，在引导学生积极心理意识的培养上未能紧跟时代步伐，而积极心理学的出现从理论和实践层面升华了心理健康教育的内涵，提倡用一种开放和欣赏的眼光来看待每一个人，强调心理学要着力研究每一个普通人具有的积极力量。因此，站在积极心理学的立场上，学校心理健康教育应更

关注大学生的发展性目标，用积极的理念和思想优化心理素质，培养健全人格，使大学生能积极适应社会，积极应对问题，具有积极的生活态度。

2. 积极心理学丰富学校心理健康教育的内容

教育部《关于加强普通学校学生心理健康教育工作的意见》中明确了学校心理健康教育的内容。积极心理学让更多的普通学生受益，让心理老师的关注慢慢从“问题学生”转移到正常学生身上，这能够预防正常学生心理上的一些问题。现阶段心理健康教育的内容并不能满足学生的实际需求。在传统模式下，心理健康教育关注的是少数存在心理困扰的学生，其重点也是放在解决心理问题上，忽视了广大普通学生群体。学校中大部分的学生心理是健康的、阳光的，但一些“边缘”学生群体需要关注心理健康问题。这要求我们不仅需要寻求解决心理问题的方法，更需要建立积极的心理品质，实现心理健康的主动预防。积极心理学提倡的是以人为本的全新价值定位，倡导积极人性，要求关注研究人的优点和积极因素，提倡用积极的心态对人的心理现象做出正面、积极的解读，从而挖掘人本身具有的潜在能力，并利用这些积极的品质来帮助人主动寻求良好的生活状态，达到助人自助的教育目的。这种价值取向从新的视角丰富了学校心理健康教育的内容，引导学生更多关注生活中的积极事件，培养其利用积极的思维去应对可能出现的心理问题。

3. 积极心理学拓展了学校心理健康教育的途径与方法

在传统心理学背景下，心理健康教育工作的途径与方法过于单一，常常把心理健康教育工作区别于学校教育的其他工作，采取的途径与方法也不外乎开设心理健康教育课程、进行各种咨询、开设讲座等。而积极心理学认为，每个人都存在巨大的潜能，都具有多种基本需要，都重视自我发展，这种人性观决定了学校心理健康教育的途径与方法必将向多元化的方向发展。如重视教师的发展和运用其积极心理，重视心理健康教育与学校其他工作的融合，努力烘托与营造一个宽松、愉快的氛围，使生活于其中的师生感受到满足、乐观与充满希望，充分重视学生积极的心理体验等。积极心理学纠正了传统主流心理学过于偏重问题的片面性，重视人性中积极方面，研究人的优点和价值，关注正常人的心理机能，真正恢复了心理学本来应有的功能和使命。更为重要的是，积极心理学让我们对心理学科有了更清楚的认识，即心理学不应是静态的、封闭的研究体系，它应当且必须肩负起人类生存与发展的重担。在积极心理学的引领下，心理科学对人性的理解将更科学，以及将会产生更有效的干预，从而促进个人、家庭与社会的良性发展。

（四）发展性全员高中积极心理健康教育模式的操作方法

1. 发展性、生涯成长性心理健康辅导中心的建设

心理健康辅导中心坚持生本发展为主要导向，以期引导师生的生涯规划和发展成长，下设阳光心语室以发展性咨询为主，为学生、教师和家长搭建个人发展成长指导和生涯规划能力培养的平台。拓宽了生生之间、师生之间、亲子之间的心理交流渠道和沟通发展空间。学校

心理咨询(阳光心语室)工作设有“室”“线”“箱”“刊”“播”五类,通过面谈、电话、信函、网站、广播等形式开展咨询活动,宣传学生需要的心理学知识,提供心理成长发展需要等。学校建立团体训练室,通过小团体辅导活动形式对学生进行心理成长训练;购置心理方面的书报、绘本、期刊等,设“心理健康教育阅读角”;设立学校心理志愿者教工队伍,和学生心理委员及其辅导小组。同时心理健康辅导中心进行心理普查并为学生建立心理档案,利用现代化信息工具对学生心理档案进行智能管理。

2. 建设以专业化为主、专兼结合的高素质师资队伍

积极心理健康教育提倡全方位、全过程、全面渗透、全员参与的途径。专业化为主的教师队伍建设是学校积极心理健康教育实施的中坚力量。为加速和提高教师积极心理素质和自身高素质培养,学校采取“走出去,请进来”的办法,外聘心理健康教育方面的专家、学者来校对全体教师进行心理健康教育培训。学校注重专职心理教师的专业发展,多次组织专职心理教师参加市级心理健康教育骨干教师培训班、学习能力指导师培训、沙盘心理治疗培训、心理剧培训、外校实践学习等促进他们的专业发展。同时建立本校内教师心理健康培训体系,由校专职教师对全体教师进行集中和分批类的心理健康教育培训,如青春期学生身心发展特点、学生学习心理及辅导、学生发展中心理方法品质提升方法与技巧、心理学与积极心理学基本知识、变态心理学知识、教师生涯规划、积极心理品质与人际沟通、教师心理保健等,并与教师继续教育相结合,以提高全员教师的心育意识和工作技能。

几年来这些培训收到了良好效果，班主任和教师们越来越多地把积极心理健康教育知识和方法运用于班级管理和学科教育教学之中，对学生们的积极能量认可度和关注力增加。如此，淮北市 S 中学在实践和探索中形成了以校长为统领，两名专职心理教师为核心，班主任和优秀教师为骨干，学科教师为生力军的全员参与专兼职队伍，同时吸收部分家长为优秀后援的积极心理健康教育志愿者队伍，保证了发展性全员积极心理健康教育模式的有效实施。

3. 家长课堂、亲子沟通，学校的有力后盾

学校成立家长学校，组建家长委员会，制定家长学校工作制度，利用家长学校进行家校联系，利用家长会或其他形式邀请家长进校园，定期或不定期邀请心理专家、教育者和优秀教师等向家长普及家教知识和心理健康知识的讲座制度，学生成长的关键期讲座、培养学生的积极品质和人格讲座，亲子沟通课堂等让家长更懂得和理解孩子的内心。为孩子和家长架起沟通的桥梁，使家校形成合力，发挥心理健康教育的最大效力。

4. 开展以提升积极品质和正能量为目标的班团活动、校园文化活动和心理健康教育系列活动

积极心理健康教育要建立以正向校园文化、社会环境和媒体宣传为积极氛围的积极心理健康教育立体网络。学校在校园活动的安排上处处营造积极心理健康教育的氛围并将主目标引入生本发展和积极品质培养的特性上。强调许多校园文化活动的心理情景性、参与性、互动性和体验性。同时每年以 5 月 25 日（我爱我主题日）

和10月10日精神卫生日两个标志性时间为契机，进行校园心理健康周活动，开展心理签名、心理征文、心理画展、心理剧表演、心理讲座、心理电影展播、心理广播（心理约谈）、心理驿站展等一系列主题鲜明、学生喜闻乐见的心理健康活动，受到了师生的一致好评，也在一定意义上推动了学校发展性全员积极心理健康教育模式的实践和探索。

案例思考题

1. 如何理解发展性全员高中积极心理健康教育模式？

2. 如何从积极心理学的角度做到发展性全员高中教育模式？

3. 怎样看待家长在发展性全员高中积极心理健康教育模式中的作用？

焦点解决短期心理咨询在高中心理辅导中的探索

——以淮北市S中学为例

摘　要：本文在高考改革推进背景下，回顾学校心理健康教育中焦点解决短期心理咨询在高中心理辅导中的探索和历程，阐述了新毕业教师的心理健康教育实践之路，特别是心理咨询理论在心理咨询中的应用，阐明焦点解决短期心理咨询的理念、主要技术和流程等相关内容，反思并提出实践中的疑惑供思索。焦点解决着眼于学生正向的值得鼓励的行为，在中小学心理健康教育工作领域中，正在为实现学生基于自身力量或能力解决问题这一目标而努力。

作者简介：李文贺，女，安徽宿州人，淮北市第十二中学心理健康教育负责人，主攻青少年心理健康教育研究。杨轶冰，女，安徽阜阳人，淮北师范大学教育学院，主要研究方向为青少年心理发展与教育。

编制说明：按照调研学习及当事人的要求，作者对案例所涉及的学校名称、人员及相关数据，做了必要的掩饰性处理；本案例仅供教学之用，无意提倡或暗示某种管理理念、方法或体制比其他的理念、方法或体制更为有效或合理。

《国家中长期教育改革和发展规划纲要(2010～2020年)》强调学校教育要服务于学生的终身发展,坚持德育为先、能力为重、全面发展,要强化能力培养,着力提高学生的学习能力、实践能力、创新能力,教育学生学会知识技能,学会动手动脑,学会生存生活,学会做人做事,促进学生主动适应社会,开创美好未来;指出高中阶段教育要注重培养学生自主学习、自强自立和适应社会的能力。《中小学心理健康教育指导纲要(2012年修订)》指出心理健康教育的总目标是提高全体学生的心理素质,培养他们积极乐观、健康向上的心理品质,充分开发他们的心理潜能,促进学生身心和谐可持续发展,为他们健康成长和幸福生活奠定基础。心理健康教育的主要内容包括:普及心理健康知识、树立心理健康意识、了解心理调节方法、认识心理异常现象、掌握心理保健常识和技能。重点是认识自我、学会学习、人际交往、情绪调适、升学择业以及生活和社会适应等方面的内容。高中年级主要包括:帮助学生确立正确的自我意识,树立人生理想和信念,形成正确的世界观、人生观和价值观;培养创新精神和创新能力,掌握学习策略,开发学习潜能,提高学习效率,积极应对考试压力,克服考试焦虑;正确认识自己的人际关系状况,培养人际沟通能力,促进人际间的积极情感反应和体验,正确对待和异性同伴的交往,知道友谊和爱情的界限;帮助学生进一步提高承受失败和应对挫折的能力,形成良好的意志品质;在充分了解自己的兴趣、能力、性格、特长和社会需要的基础上,确立自己的职业志向,培养职业道德意识,进行升学就业的选择和准备,培养担当意识和社会责任感。

社会进入科学技术飞跃发展的信息时代，后现代主义心理学思潮的兴起，人们的思维方式和社会心态发生了很大的变化，积极心理学不断发展和推进，心理健康教育在中小学教育中深入发展。中小学心理健康教育的总目标是提高学生的心理素质倾向，而不再过多投注在心理问题倾向上。学校心理健康教育特别是中小学在心理健康教育理念和体系的构建上，开始从传统的精神分析等理论转入关注积极心理品质的培养上；中小学心理健康教育使教师在个体咨询和团体辅导中探索心理健康教育教学对学生心理品质、心理能力的影响。

一、所学实践与困惑

（一）心理咨询中首先暴露的问题

心理教师L大学毕业后来到了淮北S学校任教。大学毕业时优等生的身份让她对工作充满向往，也对自己的心理专业技术比较自信。拿到了咨询师证书的她更是摩拳擦掌，想在心理咨询的助人自助道路上大显身手。在她的心理健康教育职业生涯初期，这位年轻又亲和的心理教师不但其心理健康教育课堂很受学生欢迎，她的心理咨询时间也被同学们预约排满。她按照大学所学的心理咨询的一般基本步骤开始工作，建立咨询关系（良好咨询关系的建立是有效咨询的前提）；收集资料（弄清求助者的问题背景，以便决定从何入手分析他们的问题）；分析了解存在的心理问题（确定求助者是否适宜做心理咨询）；诊断心理问题产生的原因（确定求助者问题的类型，形成的原因及深层心理机制）；确定心理咨询目标，选择咨询方案(心理咨询的时间,选择咨询的方式方法);实施心理咨询或给予指导和帮助。但慢慢地她发现,自己的心理咨询预约不但排得很满,而且档期排得很长。排得满是好事,说明学生的心理是开放的,但是她的咨询时间大多被延续咨询的学生占用,许多新咨询者只能根据现有时间往后排。为了让新增咨询者的心理咨询需求不被搁置,L 老师拿出很多休息时间进行咨询工作,即使如此时间还是不够。按照这种问题解决模式的心理咨询流程和步骤,在搜索一般资料发现原因和修正原因的过程中,中小学生所暴露的问题并不严重,或者学生并不期待心理咨询老师花很多时间放在(利用精神分析技术)探索原因上,加之学生的逻辑思维分析能力正在建立过程中,有时教师花时间去引导学生却找不出原因,这样心理咨询就陷入了学生高效目标期待和咨询师业绩胜任感的问题之中。即使使用了认知疗法加以辅助,找出原因帮其调整认知也非一日之功,加之认知后行为主义疗法还需要花时间和精力去重塑学生行为,直至自动化为思维和习惯,这样的步骤和流程下来之后一个学生的心理咨询时间会延续半年甚至更久。在高中阶段,高一高二学生尚且还能坚持,高三的学生更加直面压力,他们往往带着可以快速解决问题、改善心理素质和更快速高效地投入更多的学习等潜在目标而来,往往一次两次没有显著改变,未达到他们期望的收获时,就会失去兴趣、耐心和信心等。另外在时间紧任务重的高三,提供试错的行为探讨方案,让他们尝试自己没有经历或体验过的过程或方法,不仅会引起他们的质疑和抗拒,还可能会从心理层面打击他们能够解决问题的能力和信心。

（二）心理健康教育与心理咨询的探索之路

《中小学心理健康教育指导纲要(2012年修订)》明确指出要培养高中生积极乐观、健康向上的心理品质，充分开发他们的心理潜能，促进学生身心和谐可持续发展，为他们健康成长和幸福生活奠定基础。这样的角度促进了L老师在学校心理健康教育体系中开阔了思路，加之L老师在H师范大学就读时曾跟随王老师和杨老师等人进行过积极心理学的相关理论学习，L老师及时与大学的老师取得联系，咨询和学习相关的理论，在学校的支持下购买积极心理学的书籍，边学边用；同时与学校实际相结合，将积极心理学的理念在学校心理健康教育中进行探索，事实显示积极心理学的理念在全体和群体的心理健康教育中非常有益，同样L老师也尝试将积极心理学运用于学校心理咨询中。积极心理疗法(咨询)从理论来说是一种短期疗法，是一种跨文化的、多种心理治疗流派的理论与方法的整合，它包括五个阶段的主导疗法和讲故事形式的辅助疗法。

积极心理疗法的主导疗法是以解决冲突为中心，以现实能力为依据的治疗方法。它分为观察及拉开距离阶段、清查盘点阶段、处境鼓励阶段、言语表达阶段和目标扩大阶段。积极心理治疗理论发现了东方神话和寓言的心理治疗意义，把讲故事作为治疗的辅助手段。随着实践过程的深入，L老师也发现积极心理疗法运用于学校心理咨询虽然节约了时间成本，但学生反馈咨询虽有收获，但同时有种受启发却无从下手解决现实问题的感觉，而且经常有学生短期结束了心理咨询，过半年左右又回来的现象。“老师我又来找您了……”积极心理以解决冲突为中心，却未能很好地建立自主解决问题的能力，它以现实能力为依据（而人的现实一切统称为现实能力，把现实能力与社会规范和社会期望等同了起来），现实能力成了一个无所不包的“百宝箱”，这就泛化了能力的概念。这样的情况引起了L老师的反思，如何能增强自主解决问题的能力呢？怎样让学生更好地自助？如何构建起学生自主解决问题的思维系统呢？L老师也将事实情况和反思与周围同行以及大学时候的专业老师进行探讨，有老师提出“为什么不试试焦点解决短期心理咨询呢？”L老师开始搜集和学习相关的资料书籍。在学校的推荐下，L老师于2013年参加“清华大学高中心理健康教育国培计划项目”，与来自五湖四海的朋友分享学校探索积极心理体系的相关经验和反思，也了解到全国各兄弟校的心理健康教育状况，其中再次提到短期焦点解决心理咨询。何为短期焦点解决？在实践和探索中这个问号慢慢变成了解决问题的句号。

焦点解决短期治疗（solution-focused brief therapy，SFBT）是指以寻找解决问题的方法为核心的短程心理治疗技术。焦点解决是从系统观的角度去思考问题的，认为案主的周遭生活是一个系统，且案主与工作者在一个系统内。这一取向从积极面去了解案主的问题，重视案主原本具有的天分与能力，来修正本身存在的问题。

（三）焦点解决短期心理咨询与高中心理辅导的契合度考量

1. SFBT 导向契合度考量

SFBT 的系统导向、目标导向、正向导向、短期导向契合高中心理咨询辅导的现实需求。SFBT 重视人际关系并从系统的角度思考问题，认为案主的周遭生活是一个系统，且案主与工作者同在一个系统内，能协助处于自我认同阶段的青少年进行自我统合。SFBT 的主要咨询任务是帮助来访者想象他的生活会有怎样的改变，以及如何促使这些改变的发生。SFBT 从积极面去了解案主的问题，强调的不是解决问题而是构建解决问题的历程，重视案主原本具有的天分与能力，来修正本身存在的问题。来访者个人是建构解决历程的最大资源，是一种正向目标解决导向的咨询模式。SFBT 还强调一种系统观和变化的观点，强调小改变可以积累出大的改变，相信小的改变会引发系统的改变，个体改变可以引起整个系统的改变，即所谓的滴水穿石和牵一发而动全身。这对高中青少年来说，可以短时间内使学生发生改变并关注“例外”，达到一定的辅导成效。

焦点解决短期治疗源自 MRI 传统，MRI 的短期咨询有时间限制（通常不超过十次），强调实践，不重历史。Milton Erickson 咨询理论与技巧注重时间效益，不探究问题产生的原因而将焦点集中在“未来”，强调小的改变，利用案主的自身资源，把案主看成为是被“卡住”了，而非“生病”了等。对于发展自我认定的青少年来说，特别能协助其自我统合的进行，所以它是相当适合学校咨询教师运用的一种短期咨询取向。

2. SFBT与学校学生教育管理工作需要的契合度考量

教育部印发的《中小学心理健康教育指导纲要》对各地的心理健康教育起到了指导和推动作用，也促进心理健康教育工作深入发展和全面普及。纲要的印发极大地促进了各地结合实际，组织实施并落实中小学心理健康教育。中小学心理健康教育旨在提高中小学生心理素质、促进其身心健康和谐发展的教育，是进一步加强和改进中小学德育工作、全面推进素质教育的重要组成部分。正如纲要中所提出的：中小学生正处在身心发展的重要时期，随着生理、心理的发育和发展、社会阅历的扩展及思维方式的变化，特别是面对社会竞争的压力，他们在学习、生活、自我意识、情绪调适、人际交往和升学就业等方面，会遇到各种各样的心理困扰或问题。因此，在中小学中开展心理健康教育，是学生身心健康成长的需要，是全面推进素质教育的必然要求。这也决定了各地中小学心理健康教育活动是一种自上而下的、由主管部门或教师发起的一项活动。学生要参与配合其中，却缺乏必要的自我教育契机，学生就会出现被动完成教师或学校布置任务的消极情绪；在高考的紧迫感下，学生会出现因学校或老师布置任务占用时间而出现对心理健康教育的阻抗。

SFBT强调找到学生自己的目标，并帮助学生强化有效行为来达成自己期望实现的目标，而不是家长教师的期待目标，同时这种强化还能帮助其有效地学习和生活；

SFBT重视学生原本具有的天分与能力，它不去挖掘哪里做错了而后再去修复它，而是重点在于发掘学生自身的资源与成功经验，协助学生找寻已经能做或正在做的有效事情，或者换个方向做一些不同的事情，引导学生发挥自己的优点与能力，邀请学生展现其成就与自信，鼓励并塑造学生积极的自我应验预言，从而创造改变的可能性。这种观点也鼓励和促进执行教师适应和接纳不同学生情况，提供不同的策略，形成因材施教的教育格局。而且学生本身对于完成自我设置的发展要求是充满主动性和积极性的。Franklin等实验结果发现，对SFBT进行适当的发展后，对非自愿当事人仍然能够取得很好的辅导效果。

3. SFBT与学生自身发展需求的契合度考量

生活在人际关系错综复杂的社会中，人与人的交际是一个复杂的过程，是个人与他人在交往中形成的心理情感上的关系，人际关系是指人与人之间心理上的关系、心理上的距离。人际关系是人得以生存、人类社会得以存在和发展的基础和保证。也就是说，人际交往将个人与个人、个人与群体相联结并形成相互作用，相互影响，共同发展的网络系统。人际关系也是学生学习生活中最离不开又最困惑的关系，青少年自我认同开始建立，自我意识会出现一个“分化—冲突—统一”的过程。自我认同的统一过程中，他人的评价尤其是同伴的评价对自我意识的发展起着非常大的作用，也最容易引起学生情绪的波动，而情绪波动会引起我们潜意识的人际关系和人际交往模式的解释和归因，加之处在高考的特殊任务背景下，消极的解释和不合理的归因很可能导致学生产生心理问题，并扩大影响。

SFBT 重视人际关系并从系统的角度思考问题，认为学生的周遭生活是一个系统，且学生与工作者同在一个系统内，能协助处于自我认同阶段的青少年进行自我统合；是一种提倡关注未来的思维方式，将学生的焦点集中在自身资源和优势上，重视原本具有的天分与能力，来修正本身存在的问题。来访者个人是建构解决历程的最大资源，通过利用已有的资源，进行有效的行为从而完成自己的目标，进而发展自身的积极力量，提升自己的个人成长。

二、再学习再实践

（一）从校园文化环境建设看焦点解决

校园环境文化是美的依托，更是教育的载体。和谐的校园环境文化氛围，既是学校组织效能的体现，也是学校组织效能的发挥。有了和谐的校园环境文化氛围，教师教书育人的积极性和学生学习的主动性才能得到提高，才能培养出合格的高素质人才。淮北 S 中学自办学以来，依靠先进的办学理念、精细化的管理、特色化的教学模式、教职员工的拼搏奉献精神，逐步成为淮北市窗口学校、创新教育品牌学校、省文明单位、全国教育先进集体、全国德育教育先进学校、全国化课程实施先进学校。学校坚持“走创新之路，办品牌高中”的办学目标，以深化内涵发展、办人民满意的教育为主题，锐意进取，改革创新，注重细节，团结协作，致力于建设现代化的优质学校，教育教学成绩显著。办学以来，学校经历了从无到有、从弱到强的艰辛历程，家长从观望到举荐，从怀疑到赞许，从犹豫不决到满怀信心。S中学非常注重校园文化建设，S中学校园文化可以归纳为“阳光校园”、“活力校园”、“文明校园”、“和谐校园”、“绿色校园”和“安全校园”等，学校的各项校园文化建设活动正是焦点解决的体现，从学校教师和学生的每周宣誓词可见一斑。

（二）焦点解决与教师团队建设

教师团队建设是焦点解决在高中心理辅导运用的重中之重。因为教师是学校工作的具体落实者，也是高中生自我认同统一过程中的重要他人，是学生人际互动与系统中的承担者，只有他们将焦点解决辅导理念理解并运用，才能更好地发挥他们的聪明才智，激发学生的潜能和优势，促进学生心理健康的成长，更好地服务学生与学校。

通过教职工集体会议线下宣讲与全校教师QQ微信群线上共读，穿插心理教师互动答疑等三位一体的方式进行“焦点解决短期辅导简介”“焦点解决短期心理咨询的主要操作步骤与技术”“焦点解决短期案例分享”等多内容多案例渗透。职业技术学院的C老师颇有感触地说：“焦点解决模式是心理学上的心理咨询技术，对教师的教学，特别是教育方面有极大的帮助。”

（三）焦点解决与学生活动

学生是主体，也是学校的主人，让学生参与学校发展大计，让学生的潜能全面发展，开展活动为学生搭建自主管理的平台，鼓励学生参加丰富多彩的活动。在活动开展过程中，通过让学生自行发起、自由组织、自主安排，充分发挥学生的特长。对参与学校工作和发展的学生干部、社团干部，进行心理健康教育的培训和有主题、有目标的心理活动，如挖掘潜能的心理活动“丛林大冒险”；如激发集体凝聚力的心理活动“团体动力圈”“流动人椅”；如促进问题解决的心理拓展活动“穿越电网”“无敌风火轮”；如探索学生价值观的“价值拍卖会”；等等。学校每学期的开学典礼和毕业典礼增进了学生的心理仪式感；每天的两操保证了学生的健康体魄；每年的秋季运动会调动了学生的合作与竞争意识；高三拉练和成人礼考验了学生的抗挫折能力和责任担当意识；等等。每逢“525”“双十”两大心理宣传契机，心理健康辅导中心均进行专题性宣传、专题拓展、专题电影和专题讲座等一系列宣传普及活动。

（四）焦点解决与课堂教学活动

很多事情的发展在施行初期都会遇到各种阻力，焦点解决的开展也不例外。L老师最担心的是老师是否愿意运用并最终自动应用到课堂上对学生的关注及课下与学生的交流之中。

经过实践发现，焦点解决短期心理咨询在中小学中有传统咨询技术不可比拟的优势，是一门特别适合学校教育领域的辅导理论。既为中小学教师引导、解决学生问题提供新的思路和方法，又提升了教师教育的效能。W老师感慨地说：“多学点心理学并运用得当，焦点解决的思路帮我解决教学中学生凸显个性、任课教师与学生摩擦、家长教师配合困境的大问题啊。”

教师不仅是课堂教学的组织者、引导者，还是学生学习的合作者、激励者。在教学中要充分发挥学生学习的主动性和积极性，为学生提供思考、探索、发现、创新的时间和空间，让他们的智慧得到碰撞，自我得到展示。

（五）焦点解决在短期心理咨询中的运用

1. 焦点解决的基本理念

SFBT 的基本精神是：强调如何解决问题，而非发现问题原因；以正向的、朝向未来的、朝向目标的积极态度促使改变的发生。具体精神可以体现在以下几方面：① 事出并非定有因，SFBT 强调建构解决方法而不是寻找问题，治疗的核心任务是帮助个案想象他所期望的情形会发生什么变化、有什么不同、想得到解决的必要条件是什么。② 问题症状同样也具有正向功能。协助个案寻求更好的方法取代问题行为，而又能保证有其正向的期待是问题解决的关键。③ 合作与沟通是解决问题的关键，SFBT 认为在言谈的过程中，个案和治疗师的关系是一种合作互动的关系，治疗师与个案合作的方式应是正向与未来导向的，支持个案，通过正向的目标引导方式，并对模糊的陈述予以具体化。④ 不当的解决方法是造成问题的根本，SFBT 假设症状或问题通常是人们试图解决问题但却“形成不适当的习惯模式”。⑤ 个案是自身问题的专家，SFBT 认为个案有能力自己解决问题，治疗应从强调个案的优点而非缺点着手。⑥ 从正向的意义出发，SFBT 强调个案的正向力量，而不是去看他们的缺陷，强调他们成功的经验，而不是失败，强调个案的可能性，而不是他们的限制。⑦ 骨牌效应，在一个相互联系的系统中，一个很小的初始能量就可能产生一系列的连锁反应。⑧ 凡事都有例外，有例外就能解决，SFBT 在了解个案问题性质的同时，特别持续地注意“例外”的存在，（例外是指个案的问题没有发生或严重程度较低、发生次数较少等较不被个案注意的特定情境）。

较之问题解决，焦点解决更加强调对问题解决方案的建构。在学校心理咨询领域，其治疗的核心任务在于帮助学生想象他（她）希望事件发生怎样的变化，有必要做些什么才可以达成目标。SFBT 是短期的，通常持续 4～6 次会谈，但也可以缩短到 1～2 次会谈。

2. 焦点解决短期心理咨询的语言特征

语言在建构含义与具体解决方案过程中非常重要。谈论目标，如“是什么促使你来咨询室的”“你今天来是想解决什么问题”，谈论解决问题的可能途径，如讨论“你希望事件是怎样发生的”“你需要做些什么使之发生”“你曾经用什么有效的方法处理过这样的情况”等。

避免谈论问题本身，避免谈及诸如诊断、无能、病理化等语言。除非有理由确信诊断将有助于他们进行必要的医学治疗。焦点解决心理咨询中将面谈着眼于学生所期望的方案，并且是他能够做到的，使改变得以发生。

3. 焦点解决的主要技术和基本流程

（1）焦点解决的主要技术

Steve De Shazer（1985）表示，SFBT 所用的技术十分相似，其目的都在协助个案体验行为、知觉以及判断的改变。经由体验已经发生的小的改变，维持、扩大并积累成大的改变，而且利用个案既存的力量和资源达成改变的目标。针对整个咨询与治疗过程，Steve De Shazer 等人设计了：一般化；咨询前改变的询问；预设性的询问；评量询问；振奋性的鼓舞；赞许；改变最先出现的迹象；奇迹询问；关系询问；例外询问；任务、家庭作业；因应询问等。

（2）焦点解决的基本流程

SFBT 基本的流程：① 问题描述阶段，这一阶段是透过询问个案的求助动机，提供个案描述问题的机会。治疗师需要询问一些问题的性质与事件的细节，但不追究问题的成因，在倾听个案诉说的同时，计划着如何使晤谈的对话往解决导向的方向前进。② 设定目标，见图 1。晤谈是朝着个案的目标这一方向进行的，治疗师在好奇、尊重、关怀的态度下，引导个案进入咨询访谈，澄清他想要的目标，并建立工作目标。要了解与扩展个案的目标，常用奇迹式问句探讨。③ 探索例外，此阶段集中寻找与深入探究个案生活的各种例外经验，并且追溯个案是怎

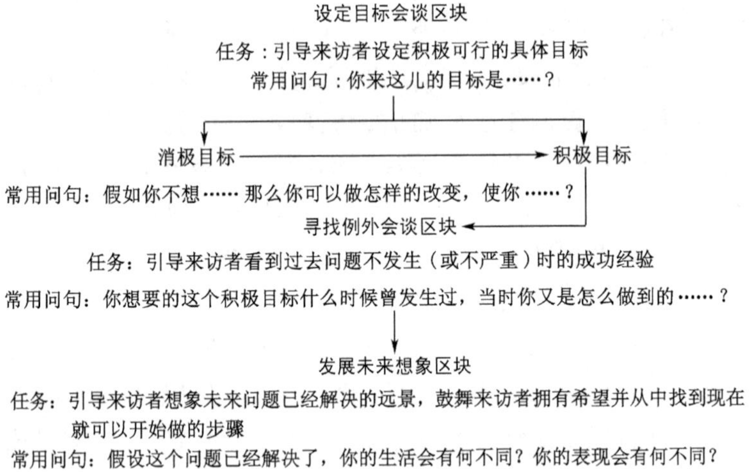

图 1　目标设定

样做到让这些例外经验发生的。评量询问也可以作为寻求例外的方式。④ 晤谈结束前的回馈，治疗师需要回顾和整理个案在前面阶段所提到的有效解决的途径，然后以正向的回馈、有意义的信息及家庭作业的方式将这些信息提供给个案，以促使个案的行动或改变。⑤ 评量个案，指导个案自己评量是否满意于寻求解决之道的过程与结果。整个流程见图 2。

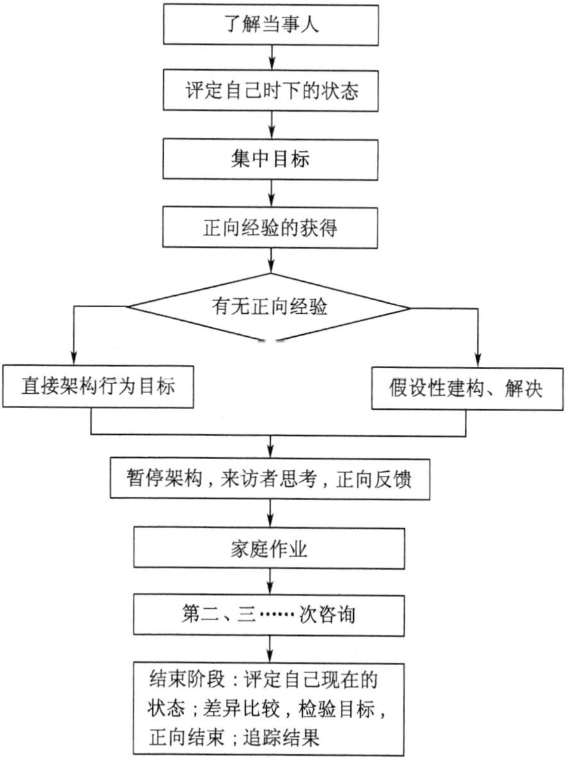

图 2　焦点解决的基本流程

三、依然在实践中探索

L 老师在学习探索使用和促进焦点解决在学校大环境中，特别是在学生心理咨询辅导活动中，感受到焦点解决对学生自身成长和问题解决能力的建构，也感受到对高中学校心理教学时间和精力资源的节省，同时在个体心理咨询中感受到了显著的成效。就目前的心理理论技术与学校现状相结合的情况下，显然焦点解决是目前合适的选择，也是高中学校心理咨询的可推广的新模式，对来咨询的学生来说省时有效也节省了很多精力。

短期焦点解决用正向的、朝向未来的和目标解决的积极观点，从探讨问题不发生时的状况入手来促成改变。它强调构建解决问题的历程，帮助求助者想象他的生活会有怎样的改变，以及如何促使这些改变的发生。一切从正向的意义出发；每个个案都可以做自己问题的专家；事出并非一定有原因；寻求“例外”，解决就在其中；积小改变为大改变。焦点解决将来访者纳入解决自身问题的专家范围，它的“双专家”观念是对传统心理咨询与治疗“咨询权威”的一大突破。这对于新教学改革中强调以学生为主体有了强烈的共鸣。对于心理咨询师而言，焦点解决的提问技巧和咨询策略非常好学习，即使不全部使用焦点的框架，仍旧可以把一些创造性的方法融合到自己的咨询中。另外焦点解决的应用范围非常广泛，如儿童、青少年、教师、家长、企业领导者、人力资源师，等等。

同时，在焦点解决运用于学校的过程中，L 老师也遇到了相当多的困惑，焦点解决跟积极心理相比，积极心理可以很好地融入甚至引领学校的主流文化的发展，对学校的做人做事风范起到相当的补充和借鉴作用；而焦点解决更强调理论与技术方面的策略模式，对于推广它的实用价值缺少宏观架构的大局视角。焦点解决对于校园一般心理状况和学生学习相关咨询效果显著，但是若遇到抑郁症、分裂症等其他严重的心理障碍，效果非但不明显，关键是若用单纯的焦点解决理论和技术，显得无从下手。我们将在实践中继续进行反思探讨。

案例思考题

1. 如何与来访者互动，在此过程中实施心理咨询与治疗？

2. 怎样看待焦点解决短期心理咨询在高中心理辅导中的作用？

3. 如何让焦点解决短期心理咨询在高中心理辅导中发挥最大作用？

高考改革背景下高中职业生涯规划辅导教育探索
——以淮北市S中学为例

摘　要：淮北市S中学是安徽省重点中学，1999年建校，2006年晋升为省示范中学，前任校长Y校长曾在淮北市S中学建立了德育特色基地，在心理健康教育特色建设方面做过不少努力，提出了将生涯规划教育目标融于课程目标之中，基于学校整体课程体系架构对生涯规划课程进行顶层设计，构建以各学科课程实施为主体、以生涯导向课程和学生生涯发展指导制度为两翼的生涯规划教育"一体两翼"的实施体系。2016年学校迎来新校长C，同时高中生涯规划教育置于高考改革的大背景下，既要培养学生以选择能力为核心的人生规划能力，

作者简介：杨轶冰，女，安徽阜阳人，淮北师范大学教育学院，主要研究方向为青少年心理发展与教育。李文贺，女，安徽宿州人，淮北市第十二中学心理健康教育负责人，主攻青少年心理健康教育研究。

编制说明：作者对案例涉及的学校名称、人员做了必要的掩饰性处理；本案例仅供教学讨论之用，无意提倡或暗示某种管理理念、方法或体制比其他管理理念、方法或体制更为有效或合理。

又要放眼未来，培养学生适应将来社会与职业变化需要的核心技能与重要品格，带着新思想和理念投入体系传承与创新之中。

一、高中职业生涯规划的背景

（1）时代信息。现代化体现着社会的全面进步，人类社会始终处于运动变化之中，每个时代的每个社会都有自己的传统和现代问题。党的十八大提出，倡导富强、民主、文明、和谐，倡导自由、平等、公正、法治，倡导爱国、敬业、诚信、友善，积极培育和践行社会主义核心价值观。积极培育和践行社会主义核心价值观的基本原则是坚持以人为本，尊重群众主体地位，关注人们利益诉求和价值愿望，促进人的全面发展；坚持以理想信念为核心，抓住世界观、人生观、价值观这个总开关，在全社会牢固树立中国特色社会主义共同理想，着力铸牢人们的精神支柱；坚持联系实际，区分层次和对象，加强分类指导，找准与人们思想的共鸣点、与群众利益的交汇点，做到贴近性、对象化、接地气；坚持改进创新，善于运用群众喜闻乐见的方式，搭建群众便于参与的平台，开辟群众乐于参与的渠道，积极推进理念创新、手段创新和基层工作创新，增强工作的吸引力和感染力。社会主义核心价值观更加关注的是人本的原则和理念，在此视角下的还有教育理念里的以人为本。高中教育历来都是被人们所重视的一个教育阶段，它关系着一个孩子的未来。十八届三中全会通过了《中共中央关于全面深化改革若干重大问题的决定》,对高考改革做出了全面、系统、明确的部署,高考改革是教育体制改革中的重点领域和关键环节,全社会极其关注。高中学生已经具备了义务教育阶段积累的知识基础,并逐渐体现出更多的个性,高考改革方案旨在"增加学生选择权,促进科学选才",在高考改革视野下关注教育的以人为本,生涯规划教育显得愈发重要。我们从职业生涯的定义就能明白,职业生涯规划是指导个人结合自身情况及职业环境制约因素,在对一个人职业生涯的主客观条件进行测定、分析、总结的基础上,对自己的兴趣、爱好、能力、特点进行综合分析与权衡,结合时代特点,根据自己的职业倾向,为自己确立职业奋斗目标,并为自己实现职业生涯目标而确定行动方向、行动时间和行动方案等一系列行之有效的步骤。生涯规划教育应是高中教育的有机组成部分,但是由于受到应试教育片面追求升学率的影响而长期得不到应有的重视。如今在社会主义核心价值观和教育改革大的背景之下,生涯规划教育本身具备的培养学生选择能力的重要作用以及其背后人本主体成长的强大动力力量越发彰显,生涯规划教育被提上了教育改革的前台,已引起广泛的关注。

(2)理论基础。职业生涯规划运用了哲学、心理学、社会学、教育学、管理学、经济学、人才学、信息学等多种学科各个领域的知识,并运用这些方面的知识来揭示职业现象、解释人的职业行为,是一门综合性的学科,这些学科的思想成果构成了其理论基础。如哲学理论中人的全面自由发展、人与社会和谐进步;心理学现象中人的天赋差异、无限潜能以及动机行为学等理论成果;社会学中人本主义思想、个人价值与社会价值的统一、合理配置人才资源、构建和谐社会；管理学中关于社会分工的理论；教育学中生涯教育的思想等等都是职业生涯规划的理论基础。源于经济学的决策论在职业发展方面的应用的理性决策理论，认为职业规划的目的在于培养和增进个体的决策能力和问题解决能力；从发展的观点来探究职业选择的过程的职业发展理论，研究个体职业行为、职业发展阶段和职业成熟的职业指导理论；用心理分析的方法研究职业选择过程的心理发展理论，认为职业选择的目的在于满足个人需要、促进个体发展，同时，心理发展理论还主张职业指导应着重“自我功能”的增强，因为如果个人的心理问题获得解决，那么包括职业选择在内的生活问题就会顺利完成而不需另行指导；“人一职”匹配理论认为每个人都有自己独特的能力模式和人格特质，并且某种个性特质与某些特定的社会职业相关联。人人都有选择与其特质相适应的职业的机会，而人的特性是可以用客观手段加以测量的。职业指导就是要帮助个人寻找与其特性相一致的职业，以达到人与职业的合理匹配。“人一职”匹配已成为职业选择的至理名言。在实施职业指导的国家，“人一职”匹配理论的咨询模式一直占据着主流地位。

(3) 高考改革。2014 年高考新政策发布，改变以往语、数、英加综合的考试模式，以 3＋X 的自主选择科目组合为主。因此，学生能合理选择科目成了重点。新一轮高考改革旨在通过优化招生制度，深入推进素质教育，扭转片面应试教育倾向，为学生成长成才提供更多机会和更大舞台;“增加学生选择权”,“坚持自主选择,为每个学生提供更多的选择机会,促进学生发展学科兴趣与个性特长”是其核心要义。生涯规划教育被认为是解决“落实学生选择权”这一紧迫问题的最“可靠”的途径。如有些校长提出,让学生“会选择”,其实质就是要让学生由原来的“被动选择”向今后的“主动选择”转变,实现这一转变亟须补上生涯教育这一课,建议高中开设职业生涯规划课程,帮助学生了解自己的兴趣、特长以及将来的职业方向,以培养学生选择能力为核心的生涯教育就成为高中学校必须提供的课程和服务。新的招生考试方案的实施,一定会推动学校尽快补上这一重要内容。

二、缘起:淮北市S中学与职业生涯规划教育

淮北市S中学是淮北市一所年轻而充满活力的省级示范性普通高中,拥有美丽精致的校园,占地面积77771平方米,建筑面积31467平方米,绿化面积36580平方米。从严治校、人文见长是学校坚持的办学思路,走内涵式发展道路,努力促进学校可持续发展。淮北市S中学的发展和崛起迅速而稳健,2002年被评为淮北市示范高中,2006年成功晋级为省示范高中,实现了跨越式的发展。近年来学校先后荣获全国教育系统先进集体、全国德育科研先进实验学校、安徽省模范职工之家、淮北市先进集体、文明城市创建先进集体、淮北市依法治校先进学校、安徽省交通安全示范学校、全国“和谐校园”先进学校、全国道路交通示范学校等70多项荣誉。学校也是安徽省第七届、第八届、第九届文明单位。

淮北市S中学是一所拥有自己独特办学特色的学

校，学校始终全面贯彻教育方针，坚持“走创新之路，办品牌高中”的办学目标，遵循教育规律，更新教育观念，探索教育新途径——实施“精致化”的严格管理，创设“和谐”的人文环境，开拓全方位的“创新教育”，强化“严、细、恒、实”的工作作风，形成了“严谨、人文、创新”的办学特色。学校德育工作特色鲜明，以“构建国家级德育新体系”为龙头，优化班主任队伍，建立了分层次德育工作体系，形成了“社会、家庭、学校”三位一体的德育工作网络，着力在学生中进行亲情教育、感恩教育、自信教育、生涯规划教育。中学生党校、中学生团校、家长委员会是德育工作阵地，艺术节、科技节、体育节、心理健康节是培养学生素质的有效形式。学校被命名为“全国德育教育先进学校”。学校教学科研风气浓厚，教师专业思想稳固。学校构建了以淮北市教育教学行家为学校顾问的专家咨询系统，并成为淮北师范大学教育实习的基地。一批教坛新星逐渐成长起来，承担国家级科研课题和省级科研课题，在省级以上报刊上发表数十篇教研论文。2012 年学校又先后获得“淮北市教育先进集体”、全国“和谐校园”先进学校、“全国道路交通示范学校”、“2011 年教育经费统计和结算先进单位”、“餐饮食品安全管理先进单位”等荣誉称号。学校在改革的大潮中扬帆弄潮，书写着一页页崭新的篇章。

在淮北市 S 中学的管理理念与师生共识中，教师专业发展成长与学生智慧人格成长是学校的头等大事，淮北市 S 中学前任校长 Y 就深知教育环节中人本思想与师生的身心健康，他精于学校管理，擅长教育教学研究，对教学研究和德育及学生心理指导、学校管理研究有较高造诣，多年坚持在教学一线，不断探索教育教学规律，是一个务实、创新型领导，这使得他不但自己研究心理学，同时给淮北市S中学引进了心理专职教师，组织了专兼职心理教师队伍。Y校长的职业生涯中取得多次成功，淮北市优秀教师，淮北市教育系统先进党员，淮北市先进教育工作者，安徽省优秀教育工作者等，而生涯教育是他希望学校师生实现自我成功的路径。他关注师生生涯学涯，在学校心理专职教师L老师进校之后安排其去省会合肥参观学习心理健康工作效果显著的学校，同时安排其参加清华大学国培计划的研修和学习能力指导的学习等，正是他的教育管理与教育创新探索的理念促使开创了学校的心理健康教育与职业生涯教育体系的探索研究与实践操作。

三、渐行渐远：S中学的职业生涯规划教育之路

是什么又为什么开展职业生涯规划教育？就像职业教育理论本身也像Y校长认为的：“学生自己要有个清晰的未来，他得知道自己要什么、去哪里，才能想到怎么得到、怎么去，才能发动潜能尽全力而去，更会创新创造性地去实现”。正是这样的理念与职业规划的概念有了共鸣，职业规划就是对职业生涯乃至人生进行持续的系统的计划的过程，一个完整的职业规划由职业定位、目标设定和通道设计三个要素构成。高中生涯规划教育既要着眼当下，培养学生以选择能力为核心的人生规划能力；也要放眼未来，培养学生适应将来社会与职业变化需要的核心技能与重要品格。学校在实施职业生涯规划中鼓励

实施者学习和借鉴上海的七宝中学，全面引入由任课老师兼任学生成长导师机制，导师的作用就是全面关注学生的思想、心理、生活各方面，做学生知心人，为学生排忧解难，解疑释惑，促使不同层次的学生在理想信念、学业发展、生涯规划和心理健康等方面都得到不同程度的发展。开展人生规划与职业指导教育，能够帮助学生更加理性地认识自己，并初步学会对自己的人生进行规划，可以使学生更好地认清就业形势，了解个人的职业倾向性，并对自己将来要从事的职业进行理性选择。在提高学生综合素质的同时，使他们在高中阶段就初步具有基本明确的人生目标，进而有效地调动他们的学习积极性，激发其学习潜能，从而改变部分学生及家长唯学历至上的片面教育观，使每个学生的发展都能适应社会发展与个人成长的需要，有助于高中阶段教育的均衡发展，加快培养急需的各类技术人才。

生涯规划教育的抓手与落脚点：在淮北市S中学的职业生涯规划教育进程中，逐渐形成了以专职心理教师为点，以兼职心理志愿者队伍（年级组班主任队伍）为面，以全体教职员工、社会、学生家长、学生队伍为体的工作抓手体系，并最终落脚于教职工的职业规划与学生的职业规划教育两个方面。

高中生涯规划教育实施路径：顶层设计下的“一体两翼”。原美国联邦教育署署长马兰（Marland）早于1971年在全美中学协会年会上就提出了生涯教育（career education）的设想，他认为：“所有的教育都是或都将是生涯教育”。把我们的课程融于简单有力的中等教育系统中，使学生在生涯课程引导下，做有利的选择，达到人尽其才，以发挥教育的实用性是他提出的解决方案。生涯规划教育虽然是高中教育的有机组成部分，但作为一个独立的课程实践形态，必须有清晰的边界而不能被泛化。因此如何将生涯规划教育融入学校课程体系，必须站在整个学校教育教学规划的高度进行统筹设计。本文建议，要在学校课程整体架构中做好生涯规划教育实施的顶层设计的基础上，构建以各学科课程实施为主体、以生涯导向课程和生涯发展指导制度为两翼的生涯规划教育实施体系。领导重视生涯规划教育的顶层设计，将生涯规划教育目标分阶段体现于各学科课程标准之中，结合基础型、研究型和拓展型三类课程的不同特点，统筹规划，精心设计，将生涯规划教育课程清晰地体现在学校的课程谱系之中；并用富有创新精神的教学方法，挖掘蕴藏在各个学习领域和学科教材中丰富的生涯教育素材，真正让学科教学与生涯规划教育融为一体。第一翼是开设专门的生涯导向课程。即整个课程架构中以学生生涯规划辅导为主题的专门课程，设课程目标在于引导学生学会自我认知、自我评价，了解社会与职业变化特点，收集掌握了解现代职业等自我管理、自我提升、目标管理、人生规划与设计、情商教育学习能力、抗逆能力等相关信息的方法，帮助他们了解体验真实的职业生活，探索自己的职业方向，为未来的专业知识技能学习和职业生涯发展做好准备。第二翼是全体教师参与的生涯发展指导制度即全员模式。如果说生涯导向课程是面向学生全体的话，那么生涯规划教育的第二翼旨在面向学生个体，希望通过建立全体教师参与的学生生涯发展指导制度，针对不同学生的特殊情况予以针对性的指导，实现学生生涯规划教育的个别化。对学生进行生涯发展指导，需要从促进学生终身发展的视角，尊重他们未来多样化发展的可能性。全体教师参与的学生生涯发展指导制度既是适应高考的需求，也是满足学生多样化发展的必要举措。

四、传承与创新：淮北市S中学职业生涯规划教育的新鲜血脉

学校管理中最常见的经历就是校长的更新，而往往更新会带来不确定的因素，主要原因在于学校校长的更换会带来办学理念的改变，由此引起的教学措施甚至体系的改变。2015年Y校长因工作需要调任他校主持工作，C校长以新任校长身份来到淮北市S中学，这对于淮北市S中学职业生涯规划教育或是机遇抑或是挑战……“做最好的自己”当C校长向师生明确了她对师生成长的见解之后，这种哲学的人本理念使得职业生涯规划教育在学校得到了传承。她鼓励心理专兼职教师把职业生涯规划教育与高考的实际政策和改革政策紧密结合，在职业生涯规划教育的最重要步骤职业定位上面要狠下功夫，时时关注并跟进职业生涯规划的同行信息并从中收获，这又为职业生涯规划教育注入了思想方面的新鲜血液。职业生涯规划是在对个人职业选择的主观和客观因素分析和测定后，确定个人奋斗目标并努力实现这一目标的过程。也就是说，职业生涯规划要求主体根据自身的兴趣、特点，为自己定位一个最能发挥自己长处的位置，选择确定最适合自己能力的事业。职业定位是职业生涯规划的起点，同时也是决定职业生涯成败的最关键的一步。这样，学校在学生的职业生涯规划教育中，增加了以提升教师生涯规划指导能力为目标的培训理念，虽然还没有作为重点内容纳入教师培训内容，毕竟关于生涯规划教育的培训内容、培训方式尚处于探索阶段，但是让每个教师都成为学生成长的合格导师将成为今后教师培训交流的新主题。比如，教师需要具备哪些知识、技能、方法，才能胜任对学生进行生涯规划指导，尤其是学科教师如何在教学中适时地对学生进行恰当的指导等问题，都是未来教育工作者需要重点攻关的重要课题。

同时我们相信，在目前环境的推动下，在各级教育主管部门、学校和教师的共同努力下，高中生涯规划教育将步入正轨，逐渐从局部的个别学校的革新性实践演变为所有高中学校教育的常态化实践。

案例思考题

1. 如果你是Y校长，你对职业生涯规划辅导教育的教师培训如何设置？

2. 如果你是C校长，来到淮北市S中学后，将会如何对待学校的职业生涯规划辅导教育的传承和创新？

3. 你将会如何看待家长和教师对职业生涯规划辅导的反应？作为旁观者，请你评价一下两位校长在这方面的做法？

4. 本案例在职业生涯规划辅导教育和学校发展方面有什么可以借鉴的经验？有哪些教训？

E 中学文明班级量化考核工作实践

摘　要：所谓量化考核是对考核内容的数字化、具体量化。班级量化考核就是把班级常规活动量化为分数，并将此作为评价班级工作的重要指标。E 中学为了规范班级管理，提高班主任工作的积极性和主动性，加强对班级卫生、“两操”、纪律等工作的监督和评比，一直推行文明班级量化考核制度。量化考核工作极大地调动了各班尤其是班主任工作的积极性，使学校班级管理工作有章可循，公平公正。不过，量化考核的核心是“量”，分数的高低反映了班级的班风、班貌。得分高，班级一切都好！得分低，工作就有问题，甚至不合格！调查显示，E 中学文明班级量化考核办法的实行的确显示了它的一些优越性，但同时又存在着不少的问题。

作者简介：钟稳，男，安徽淮北人，淮北市第二中学团委书记。杨铁冰，女，安徽阜阳人，淮北师范大学教育学院，主要研究方向为青少年心理发展与教育。

编制说明：作者对案例涉及的学校名称、人员做了必要的掩饰性处理；本案例仅供教学讨论之用，无意提倡或暗示某种管理理念、方法或体制比其他管理理念、方法或体制更为有效或合理。

随着我国市场经济的蓬勃发展，国内企业向国外企业学习了一种先进管理经验——量化考核管理模式。这种模式，对于现代化大规模企业管理的规范化、精细化确实起到了非常重要的作用，推动了企业的发展。这种管理模式也逐渐被各种事业单位借用，在学校像德育工作、学生成绩、班级管理、教师绩效等多采用量化考核的模式。本案例主要探讨班级管理量化考核工作，主要以E中学为例，对该校《E中学文明班级量化考核实施办法》的整个实施过程进行调研和思考。

E中学是一所有着悠久历史的市直公办学校，由于历史和现实的原因，在发展过程中，长期以来一直受"平均主义""大锅饭"的影响，干好干坏一个样，干与不干一个样，教师工作缺乏积极性。班主任工作是学校工作的重要环节，班主任的工作态度和工作热情直接影响一个班级的班风和学风。学校通过量化考核的方式对各班主任班级管理效果进行考评，分出等级，奖罚分明。本质上，打破了"平均主义""大锅饭"的影响，一定程度上调动了教师工作的积极性。另外，我国历来就是人情社会，在公立学校中由于领导的业务水平、政治素质和管理能力以及中国重感情的特色，往往在考核过程中带有主观色彩，量化考核巧妙地回避了以上问题，避免考核工作出现较大幅度的误差。

一、E中学文明班级量化考核工作的实践

（一）制度制定

《E中学文明班级量化考核实施办法》由政教处、校团委联合年级组共同制定。政教处起草，报校办公会，最

后由全体班主任会议审议通过。每年对具体条款进行微调,方案主体保持不变。(具体内容见附件一。)

(二)量化考核工作实施过程

(1)卫生责任区的划分。每年暑期开学前,政教处划分好各班卫生责任区。卫生责任区覆盖整个校园,不留卫生死角。各班卫生责任区都标有提示牌,注明班级。

(2)人员选拔。每班选两名学生作为量化考核员,通常情况下一名男生一名女生。量化考核员一定要选派有责任意识,正直稳重的同学,成绩不一定多么优秀,但是一定不能是后进生。每个年级选派一名老师全盘负责本年级量化考核工作。通常选派青年教师,教学任务和家庭事务都不是太重的为最佳人选,最好是非中考科目教师。

(3)人员培训。开学之初,政教处安排两个培训会同时进行。一个是班主任培训会。会议主要内容之一就是解读《E 中学文明班级量化考核实施办法》,包括各班卫生责任区的划分,量化考核工作实施过程和要求等,让每位班主任都吃透量化考核工作精神和内容。另一个是考核员培训会。政教处对全校的量化考核员进行集中培训,做到标准统一,步调一致。每学年开学前一个月为试运行期,在此期间还要开一到两次的量化考核员培训会,旨在对发现的问题进行及时的处理和调整。

(4)每天检查流程。首先,各年级都把班级分为两组互查,如七年级有十六个班,前八个班级为一组,后八个班为一组,两组量化考核员互查。每天量化考核员又分四个时段进行检查,上午和下午预备铃后到上课前检查卫生及班级纪律，上午大课间检查跑操，下午第一节课后检查眼保健操。其次，每天下午放学后量化考核员要在宣传栏公布检查结果，并把检查表统一交给年级组检查老师。最后，年级组老师汇总一周结果，并计算好各班一周得分再交给政教处，由政教处统一核算各班每月量化考核情况，并每月公布一次结果。学期结束政教处汇总所有数据，以此作为文明班级评选的依据。（各类检查表见附件二）

（三）量化考核结果与班主任津贴及文明班级评选

班主任每月有200元津贴，根据量化考核结果各年级把班级分为三个等级，相应班主任津贴为220元、200元、180元。虽然量化考核把班级分为三个等级，但是由于班主任津贴总量很少，又基本没有区分度，本来是要调动班主任工作的积极性，结果干与不干，干得好与不好基本没有差距，反而挫伤了班主任的积极性。这也成为量化考核工作急需要解决的问题之一。相比之下，每学期期末的校文明班级评选却是全体师生都非常关注的焦点问题。一般情况下，每学期按考核结果从高到低，每个年级前四分之一的班级为校文明班级。通常到初三时，三年中被评为校文明班级次数最多的班级推荐为市级先进班集体，班主任则为市级优秀班主任。

二、存在问题及原因分析

（一）量化考核办法陈旧，细则烦琐，注重形式，落实困难

目前实行的《E中学文明班级量化考核实施办法》仍是十几年前制定的，虽然中间进行过修改，但基本是修修

补补，根本不能适应社会和学校的发展。另外，办法本身过于烦琐，不易操作，不仅给量化考核工作带来很多额外工作量，也无助于达成预期效果。有些条款形同虚设，从来没有落实，没有实在意义。如“每月考核”中第四条“值日领导（10分）”基本没有执行。所以，本案例所探讨的量化考核基本是指正在落实的，如对各班卫生、两操、纪律等的考核。

（二）检查人员

1．教师检查人员工作没有积极性

根据E中目前的情况，青年教师是学校的骨干力量，本身教学任务都很重，而量化考核工作通常都是交给青年教师去做，这本身就是一个矛盾。量化考核需要占用检查老师大量的课余时间，尤其是卫生检查，基本上要求在上课前全部结束。这就要求老师要每天很早来到学校，这是许多老师所不愿意的。还有一些问题，如个别班主任的不理解，也会把一些矛盾转移到检查老师的身上。以上都直接导致教师检查人员工作没有积极性，甚至出现有的年级组找不到老师愿意承担这项工作。

值日领导检查原则上是抽查，不打分，但记录问题。根据不同领导工作的繁忙程度，效果也有所不同，有些领导检查最后就流于形式了。

2．学生检查人员自身的问题

量化考核中具体打分工作由每班选出的两名量化考核员完成，这也是整个考核工作最关键的一个环节，使用学生检查员难免会带来这样那样的问题。首先，如何平衡学习与量化考核工作的关系。学习是学生的重要任务和本职工作，家长、老师最看重学生的成绩。学生担任量化考核员，肯定要花费一些时间和精力。学生必须要处理好量化考核工作和学习的关系，一旦学习任务不能完成或成绩受到影响，家长就会反对学生担任量化考核员。其次，学生在检查过程中有“徇私情”的现象。出于各种原因，量化考核员会对其代课老师担任班主任的班级“手下留情”。也有一些量化考核员为了维护本班利益，和其他量化考核员形成默契——“相互照顾”。这些都严重影响了量化考核的公平与公正。再次，很多班主任在本班选拔量化考核员的时候，基本上都是推荐班里的后进生，认为成绩好的学生会浪费学习时间；也有的推荐一些顽皮、不遵守纪律的学生，认为这些学生学习不上心，总要给他们找些事做。这些学生的共同特点是做事马虎、自我约束力差、做事情不能坚持等。这是和量化考核工作的要求相违背的。由于时间、精力等各种原因影响导致量化考核员只对各班卫生、两操、纪律等进行检查扣分，而没有对相应的班级说明扣分原因或者进行相关的提醒。这样有些班级在某些方面一直在扣分，班主任不知道什么原因，也就无法安排整改措施。这是和量化考核工作的初衷相违背的。

（三）缺乏人情味及情感教育，不利于学生个性的发展

斯宾塞在《教育学》中曾指出：“记住你管教的应该是养成一个能够自治的人，而不是一个要别人来管理的人。”恰恰量化制度是没有人情味的，量化考核制度，说到底就是扣分制度。违反课堂纪律扣分、两操不合格扣分、

卫生不认真扣分。在学生心中，生活在班集体中必须步步小心，时时在意，唯恐做错一件事。如此一来，整个班级就会缺乏生机与活力。其实在执行过程中，经常出现一些学生的不理解甚至抵触情绪。笔者曾经做过调查，大部分学生认为学校实行量化考核评分细则未能全面地有助于自己的个性发展。班级量化管理涉及学生的各个方面，甚至涉及各个方面的各个细小环节，细而零碎，分值划分具体而固定，缺乏弹性。量化管理的实质是以奖分、扣分为手段，达到对学生进行行为控制的目的。由于指标的全面具体，致使学生时刻提高警惕，力争不失分。这样面面俱到，疲于应付，平均用力，很少有时间和精力发展特长。更主要的是，学生个性中有许多方面是难以量化或无法量化的，一味地在评价技术上追求精确，迷信数字，必然会轻视个性中那些难以量化方面的评价，使评价偏离了个性全面发展的教育目的。换一个角度讲，每个班主任工作都非常辛苦，这里不多赘述，班级管理模式和效果有差别也是正常的。而量化考核工作就是要人为地把各个班级分成三六九等，其实在一定程度上调动一部分班主任工作积极性的同时，也打击了另一部分班主任的工作劲头。这种只看结果不看过程的考核方法，没有人情味，缺乏人文关怀。

（四）班主任承担过多，怨声载道

根据 E 中学目前的情况，最难安排的工作就是班主任工作。担任班主任责任大、任务重，许多老师宁愿多承担教学任务也不愿意当班主任。另外，学校的各项工作都直接或间接地落到班主任头上，同时，班主任还有学生的文化课成绩这座大山压着。量化考核工作说是考核对象是班级和学生，其实还有班主任。光是把卫生、两操、纪律都抓好就是一个漫长而细致的过程，再加上许多班主任个人认识上的问题，对量化考核工作实际上就是应付检查，或者实行“软抵抗”。

（五）量化考核中各种不确定因素，导致考核结果与实际有偏差

根据量化考核办法和E中学目前的情况，量化考核中存在各种不确定因素，使考核结果充满水分，甚至有悖于公平公正的原则。

1．大课间跑操情况与体育老师

各班跑操成绩的好坏与本班体育老师有很大关系。跑操实际上是七年级体育课的主要教学内容之一，体育老师之间教学水平有差异，高水平的老师所带班级跑操情况自然要好一些。但是，量化考核工作是一视同仁，无法照顾到这种情况，这就等于代课教师有问题，板子却打在班主任身上。

2．眼保健操与代课老师

眼保健操时间为下午第一节课后，许多班主任也在上课，不可能及时回到班级。为方面管理，学校要求各班第一节课的老师负责看班，但要求没有多大的约束力。有的老师会看一会，有的老师下课就回到办公室了。大部分班级是班主任安排班长或纪律班长负责监督，班干部监督不力的班级就只有被扣分了。

3．跑操中请假、免操与逃操的判定

根据考核办法，跑操要全体同学参加，实际检查过程

中，经常出现个别同学逃操的现象。生病可以向班主任请假，因身体原因不能跑操的同学可以申请免操。但不跑操的学生需要站到指定区域。以上两种情况，只要班主任能够和量化考核员对接好，也应该不是问题。但是班级太多，检查时间有限，量化考核员只有根据班级缺席人数进行扣分。这样实际操作和考核办法就不一致了。

4. 纪律检查中的有序的乱和无序的乱

在纪律检查中，什么样的情况属于班级纪律乱，有时候量化考核员不好把握。课前学生有许多任务，如打扫卫生、收交作业、检查背书等。即使班主任老师在班级看班，也会呈现出混乱的样子，但整体看应该是有序的，这是有序的乱。如果班主任老师不在班级，而且班级学生自律能力差的话，那么整个班级应该是杂乱无章，非常混乱的，这是无序的乱。这些学生量化考核员是不太有能力区分的，班级会不会被扣分有时候取决于运气如何。

三、提出几点建议

（一）精简整改考核细则，粗线条管理，提高方案的可行性和科学性，实现量化管理和非理性管理相结合

学校非理性管理是指在学校管理中，除发挥严密的组织机构、计划和严格的规章制度的管理作用以外，以人为中心，以情为主线，重视人的非理性因素，突出感情、意志、心态、形象等人的主体意识在管理中的作用，充分挖掘师生潜在的自尊、自信、自控、自强意识，形成群体价值观，共同实现教育目标的管理模式。其核心是高度重视人的情感因素，尊重人、信任人、发展人、强调人的共识、协作和积极参与学校管理。班级量化考核过于追求在评

价技术上的精确，容易走进量化考核的误区，也极易使班主任和学生产生逆反心理，他们在工作和学习中无法满足其社会和心理的需要，从而降低了管理效率。就学生的行为表现而言，有许多是属于主观评价范畴，没有明确的指标，无法实施量化，也可以说是不需要量化的。因此，在制定评价标准时应根据学生的行为特点和心理需要粗化条款，实现量化管理和非理性管理相结合。

（二）全面落实量化考核制度，实现考核方式的多样化

《E中学文明班级考核实施办法》在制定的过程中考虑到了管理的多样化。就考核主体来说是丰富多样的，有学校值班领导、年级组、门岗、政教处等。考核的形式也是很多的，如，每天检查、随机抽查、定期检查、文案资料检查等。不过，在实际操作过程中由于各种原因，真正贯彻落实的好像只有量化考核员的每天检查，检查内容只剩卫生、两操和纪律了。既然学校制定了制度，就应该全面落实，不能只捡好操作的执行，更不应该随意地变更其中的条款。实现考核方式的多样化，有利于考核结果的公平公正，使量化考核工作更科学，更有说服力。

（三）加强政教处的领导力，争取年级组的推助力，提高班级的执行力

目前，许多学校中层管理人员胆子小。做每一件事都缩手缩脚，往往有许多的顾虑。不是怕自己做的事情搞差了，被领导批评；就是怕事做好了，做多了，其他领导嫉妒，孤立自己。再者对于年级组的领导和一些老教师也是小心翼翼，唯恐触及他们的既得利益，给自己带来不

必要的麻烦,这是许多学校的通病。提高政教处领导效能,加强其领导力有利于量化考核各项工作的开展。

在中学的运行机制中,年级组是一个实体部门,凡是牵扯到本年级组的事情都有很大的话语权。量化考核工作不能忽视年级组的作用,更不可能绕过年级组进行运作。争取年级组的支持实际上就为量化考核工作增加了动力,减小了阻力。

加强班级工作的执行力是量化考核工作的根本所在。而认同是执行力的基础,也是对量化考核工作的基本要求。在量化工作中,由于缺少同学的认同,许多班级难以将工作开展下去,于是出现了学生阳奉阴违现象和应付作风。因此量化考核能否被认同直接决定了工作的有效性。例如,对大课间跑操这一事情,许多学生对跑操的意义理解不够,认为浪费时间,或者认为单调,没有意思。如果对跑操必要性的解释要点放在做跑操是对学生意志力和吃苦精神的锻炼,是增强体质的要求这个角度,那么学生对跑操的必要性认同就强,执行效果就好。另外,班主任是一个班级的管理者和领导者,班级的执行力实际上就是班主任对量化考核工作的认同感。由于量化考核实际上就是对班主任的考核,所以政教处一定要通过各种途径和方式让班主任转变思想,端正态度,使班主任真正融入考核制度,进入考核模式,服从考核要求,完成考核任务。

目前,E 中学九年级量化考核工作整体情况都不是太好,且发展形势不容乐观。除了作为毕业班的原因,年级组缺少推助力,班主任认识不够、执行力不强都是非常重要的原因。解决这一问题，必须从年级组和班主任两方面入手，双管齐下。

（四）量化考核标准要带有模糊性，坚持原则和弹性相结合

树立“以生为本”的教育管理观。人本主义教育观重视人的尊严和价值，强调对学生的尊重和爱护。它以学生的自我完善为核心，注重发挥学生的主动性和创造性。罗斯杰主张，教育的目标应该是促进成长和学习，培养能够适应环境的变化和知道如何学习、又具有独特个性和充分发展的人。为了给学生的行为发展留有一定的弹性空间，在量化考核具体的评分标准上使用模糊性的语言，这样不仅给学生在个性发展和创造能力的培养方面留下了空间，而且有利于引导学生自主、健康地发展。例如，“课前纪律”，考核标准必须模糊带有弹性。我们不能说有几个人说话、下位是纪律乱，要扣分。量化考核中纪律这一项是比较混乱的，班主任意见最大的部分。究其原因，就是量化考核员太机械、死板，只讲原则没有弹性。有的量化考核员严格执行考核标准，按一人次扣 0.5 分，这样算下来，一次课前纪律检查可能就把一个班级的分全部扣完。另外，政教处作为领导机构，在处理问题时也要原则性和弹性相结合。明确量化考核的目的是为了加强管理，改善卫生环境，提高班级管理水平，不是为了扣分。为了减小考核工作的阻力，实现上述目标，可以具体问题具体分析，特事特办。当然，保持弹性并不是一味地退让，而是为了更有效地达成目标。坚持原则是基础，这一点是不能变的。

（五）加强落实反馈制度，回归量化考核的本源

量化考核工作的目的是加强班级管理，提高班级管理水平，不是为了扣分，扣分也不是考核工作的唯一手段。在考核过程中由于各种原因，考核人员只是对班级进行扣分，而没有把扣分原因反馈给班级，导致有些班级在同一问题上连续失分，且问题一直得不到整改。这是和量化考核的初衷相违背的。

及时把班级扣分原因和整改建议反馈给班级是整个量化考核工作十分重要的环节，只能加强，不能忽略。反馈问题的形式是丰富多样的。一是量化考核员直接告知班长，这种方式最直接有效，缺点是耗费时间，影响检查效率，可能导致检查员在规定时间不能完成检查任务。二是检查员每天在通告栏通报检查结果时，注明各班扣分原因。这种方式的缺点是要受到通告栏空间的限制，并且很多班级还没有养成关注通告栏的习惯。三是政教处把问题反馈发到年级组的群里或班主任的工作群。这样可以直接告知班主任，只是政教处的领导要辛苦一些了。办法总比问题多，无论采取何种方式，量化考核必须要加强落实反馈制度，回归量化考核的本源。

四、E 中学文明班级量化考核工作的几点思考

（一）怎样处理班主任班级管理中不可量化的工作

教育是情感的沟通、精神的交流、心灵的对话，是在有意无意地对学生进行引导和熏陶。这些教育行为本身就是不可量化的工作，比如，同样找一个学生谈话，都是谈半个小时，但可以肯定地说，不同教师谈话的效果是不一样的。再比如，常常看到一些年轻的班主任工作也非

常认真，早来晚归，每天陪着学生，经常找学生谈心，就连卫生打扫、教室布置等工作都亲力亲为，可以说为了班级管理付出了大量的心血，但是由于方法和经验不足，考评结果不理想，没有评上“文明班级”。我们能仅凭这一点就全盘否定他们的工作吗？诸如班主任的人格魅力、对学生的品德培养、情感教育及对学生人生观和价值观的引领等都是班级管理中不可量化的工作。笔者认为，反而这些在班级管理中不可量化的工作，才真正体现教育的真谛，回归教育的本质。总而言之，将一切教育活动全盘量化的做法是不恰当的，不符合教育的本质和特点，只会带来教育的浮躁和功利，带来教师精神的滑坡。怎样处理班主任班级管理中不可量化的工作？这确实是值得我们思考的问题。

（二）量化考核工作是否越精细化越好

教育必须是个性化的，教育不是把学生加工成产品，也不能把教师培养成机器。量化考核虽然便于操作和管理，有利于落实具体工作，避免工作停留于形式，但是有的内容细化以后不符合教育的规律和特点，也会因此出现意想不到的弊端，量化考核不是越精细化越好。

过分精细化管理缺少学生自我管理的空间和需要，无法让学生形成自主管理的能力和习惯，限制了学生创造性思维的培养，把学生当成了流水线上的一个个零件和正待组装的产品；对教师来说，忽视了教师工作的主动性、积极性和创造性，忽视教师的自我发展需要，限制了教师个性的发挥，做事情之前先想到各种规定，各种已定的条条框框，把教师当作雇佣者，教师成了流水线上按照规范化操作忙碌的工人。由此，师生可能会产生对量化考核工作的厌恶和抵制心理，积极性和创造性就会逐渐被泯灭。这是与我们量化考核工作的初衷背道而驰的。

（三）理清政教处、年级组和班级的关系

政教处为学校的管理部门，全权负责文明班级的量化考核工作。年级组为学校的实体部门，全权负责本年级组的一切事务。表面上看政教处处于领导地位，但是实际运作中，政教处许多工作需要年级组的支持和配合，尤其是一些事情当年级组有自己的理解和看法时，由于信息不对称，可能双方会出现冲突。例如，目前的八年级组在落实计划考核工作时就不是完全按照政教处的安排。他们组内自行把考核标准简单化，班主任安排自己班级的量化考核员在执勤时尽量少扣分，或者不扣分。所以，现在八年级各班扣分都很少，有时一周下来只是1～2分。各班没有差距，导致有些班主任对量化考核不太上心。这主要是因为年级组太强势，还有八年级各位班主任也都是在学校有一定地位的老班主任。应该说班级实际是属于政教处和年级组双重领导。但是，个别老班主任也不是“言听计从”，以前就出现过班主任暴力干预量化考核工作的事件。基于这些情况，政教处在推行量化考核工作时要注意平衡各方面关系，该树立权威的时候要有权威，该安抚的时候要安抚。始终坚持考核工作的目标，正所谓“不忘初心，方得始终”。

（四）班主任对文明班级量化考核工作各种态度

教育部《关于进一步加强中小学班主任工作的意见》中明确指出，中小学班主任是中小学教师队伍的重要组成部分，是班级工作的组织者、班集体建设的指导者、中小学生健康成长的引领者，是中小学思想道德教育的骨干，是沟通家长和社区的桥梁，是实施素质教育的重要力量。班主任工作直接关系到教育方针的贯彻和教育质量的提高，关系到学生的成长。那么，班主任对文明班级量化考核工作的态度，也就折射出考核工作本身产生的实际效果有多大。各种态度大致如下。

1. 积极面对型

积极上进的班主任能够按照考核标准要求学生，管理班级。认真对待每次检查，班级管理有条不紊，量化考核很少扣分，所带班级经常被评为文明班级。偶尔的一次“放松”，或者突然袭击检查时个别学生值日不认真、跑操跟不上节拍、有学生迟到等等鸡毛蒜皮的小事就把分扣了，没得“文明班级”，也不会气馁，继续干好自己的工作。

2. 消极怠工型

消极的班主任整日抱怨，管理班级就是为了评文明班级吗？眼看扣分多一点与“文明班级”无缘后，干脆就破罐破摔，反正得不到了，这个学期就这样，懒得劳心费神，下个学期再试试。

3. 误入歧途型

有的班主任只看重文明班级的称号，忘记量化考核的根本目的。这样的班主任所带的班级常被评为文明班级，但是是披着“文明”的外衣，让上课的任课教师感觉生活在水深火热中。也不知道文明班级到底是怎么评上的。难道评上文明班级就万事大吉了吗？

4. 斤斤计较型

有的班主任很在乎考核结果，被扣了一点分就暴跳如雷，寝食不安，找考核人员，找年级组，找政教处，甚至曾经出现过班主任强行把量化考核员的检查表撕掉的情况。也有的班主任为能评上“文明班级”，方法想尽，对学生处罚，扣一分或罚扫地或罚站或狠批一通，周围同事都感觉他活得很痛苦……

综上各种态度，我们应看到，班主任本身责任大，任务重，身心疲惫。量化考核不应该成为班主任的枷锁和束缚，而应成为班主任管理班级的抓手。如何实现这种转变，需要我们不断地探索。

（五）量化考核不是万能的

一般来说，量化考核是在相同的环境下，相同的评价标准以及相同的评价主体的前提下进行的，而且它成为个体竞争机制的有机组成部分，能够激发个体的竞争欲望，有利于个体良好行为的形成。看着这样的效果，人有量化考核万能的感觉，但在实际的操作过程中，我们会发现这样的考核有时候并不是能如实反映个体的真实状况，会有偏差。因为往往刻意地进行量化，就会使事情的本质、做事的初衷出现偏差。就拿卫生保洁问题来说，至少目前的量化考核办法无法彻底解决。而卫生工作关键在于保洁，有些班级值日生打扫得非常干净，一节课后，教室又变得废纸满地，垃圾到处都是。要知道量化考核员检查时该班是合格的，应该说考核结果和班级的常态无关。像学生的习惯、品行、素养等更不是量化考核评价的范畴，基本没有实际意义，所以说量化考核不是万能的，量化考核不仅要把握住度，还要用对地方才行。

E中学文明班级量化考核工作是在摸索中进行的，量化考核的目的为了加强班级管理，为学生的成长打造一个良好的校园环境。通过多年的实践和改进，量化考核工作取得一定的成效，日臻完善。考核工作非常复杂，关键是执行和落实，尤其班主任对考核工作的态度至关重要。当然，也要看到量化考核工作不是万能的，学校教育工作是一个系统工程，不存在可以解决所有问题的万能钥匙。量化考核是学校管理的一个抓手，利用好，把握住度，一定可以起到事半功倍的效果。

案例思考题

1. 怎样处理班主任班级管理中不可量化的工作？

2. 如何做到德育工作与量化考核工作有机结合？

3. 怎样看待学生成绩、养成教育和量化考核工作之间的关系？

4. 如何让学校各部门积极有效参与到量化考核工作中？他们各自应扮演什么角色？

附件一

E中学文明班级考核实施办法

一、每月考核：每月每班标准分100分，由年级组、值周班级、值日领导、教师分项考核。

（一）年级组考核（60分）

考核内容：卫生、两操、课前纪律。

1. 教室卫生(15分)

室内地面及墙壁无纸屑、痰迹、口香糖,无乱写、乱画、乱刻、球印、足印灰尘、蜘蛛网等;课桌登摆放整齐,无刻画、贴画;门、窗、玻璃、饮水机、黑板、讲台整洁干净;卫生工具摆放整齐,室内无堆积垃圾。

每周由老师检查员检查一次,不合格者扣1～3分。

2. 卫生区(20分)

地面、墙壁、瓷砖及其他设施干净整洁,花坛内无废纸杂物。

每天由学生考核员于早自习前10分钟在考核老师的安排下检查,不合格者扣0.5～2分

3. 两操(20分)

1) 一人次不出操或走出教室扣0.5分,10人次以上扣2分。

2) 多人次做操不认真扣0.5～1分

3) 整班不出操扣2分(不论何种原因)

三个年级考核员于做操期间均正常检查。

4. 课前纪律(5分)

早自习到校后自觉晨读,若教室内混乱、嘈杂的扣0.5～2分。若发现抄袭作业每人次扣1分。

(二) 门卫考核(10分)

迟到每人次扣0.5分。

三个年级的教师考核量化考核员轮流值日。

(三) 班级值周(20分)

每学期从第一周开始,各班轮流值日一周。值周任务包括校门口值日、自行车摆放、校园保洁,上午大课间、

下午上课前、课外活动三个时间段，由班主任安排学生值班，值日老师负责督促纪律，学生安排是北教学楼西楼梯4名，中、东楼梯及三楼、二楼各2名，南教学楼东、中、西楼梯及三楼、二楼各2名，操场4名；老师安排是北楼2名，南楼2名。

值周学生及老师巡视校园，进行保洁并做好以下考核：楼梯、楼道内不准追逐打闹，语言文明，不说脏话，举止文明，不随地吐痰、乱扔垃圾，爱护环境，不踩踏花草，不攀折树木，不买不吃零食。

以上各项如有违反每人次扣0.5分，值周班级工作不到位扣0.5～2分。

（四）值日领导(10分)

1. 学生不留长发、怪发，不着奇装异服，否则每人次扣0.5分，多人次以上扣2分。

2. 开无人灯、电扇，开彻夜灯、电扇、饮水机，放学后教室不锁门每次扣1分。

3. 体育课、信息技术课不上每人次扣0.5分。

4. 上课违反课堂纪律，或因违纪而在教室门外罚站，每人扣0.5分。

二、政教处期末考核(30分)

期末由政教处对以上各项考核进行统计。

1. 板报(5分)：每月按政教处安排办好相关内容的黑板报，缺办一次扣2分；质量太差扣1分，优秀(每年级1名)加1分。

2. 个人卫生及出勤(5分)：每月由政教处组织人员对升旗、广播操出勤人数、个人卫生、仪表进行抽查，缺席每人次扣0.2分，长指甲、长发、怪发、奇装异服每人次扣0.2分。

3. 文体活动（5分）：拒绝参加学校组织的各项文体活动，缺席一次扣0.5分。

4. 表册（5分）：学校要求上交的各种表册及时上交，不及时上交每次扣0.5分，不上交扣1分。

6. 公物（5分）：学生损坏桌椅、门窗，按价赔偿，并视情节扣0.2～3分。

7. 奖励：期中、期末、月考各科均超年级平均分奖3分，只有一科不超过平均分奖2分，只有两科不超平均分奖1分；校内大型活动获奖集体一、二、三等奖，分别奖3、2、1分；校级个人奖依奖级分别加2、1.5、1分。本项奖不得超过5分。

8. 以上各项扣分扣完为止。

三、分数统计

各班月得分之和除以月数得每班平均分，然后由公式：文明班级考核分＝月平均分×70%＋期末得分

四、文明班级

文明班级分年级从高到低取前30%的班级为校文明班级。

五、市级先进集体、优秀德育工作者必须是校文明班级或做文明班级的班主任。

E中学

二〇一六年十月十九日

附件二

E中学文明班级量化考核检查表(年级组检查)

星期　　　　检查员　　　　日期　　　　　年　　月　　日

项目 扣分 班级	卫生					两操		纪律		合计
	饮水机黑板	玻璃	墙壁	地面	卫生角区	跑操	眼保健操	上午课前	下午课前	
备注										

E 中学文明班级量化考核记录表(领导检查)

仪表着装 1分/人次																													
违反校规纪 (0.5～3分)																													
违反考试纪律 (1～3分)																													
翻墙窗乘电梯 (0.5分/人次)																													
抽烟饮酒 (1～3分)																													
乱扔杂物乱写乱画 1分/人次																													
骑车进出校门 1分/人次																													
奖励																													
合计																													

E 中学课间跑操评分表

检查时间：　　　　　　　　　　　　检查人：

项目/班级	出勤情况(2分)		队伍集合情况(2分)	跑操整齐情况(4分)			跑操纪律情况(2分)	总分	平均分
	学生满勤(1分)	班主任跟班(1分)		保持间距(1分)	队伍整齐步伐统一(2分)	口号整齐响亮(1分)			

E中学文明班级量化考核记录表(班级值日周)

值周　　班级　　日期　　星期

项目	扣分情况说明					
卫生						
两操						
课前纪律						
其他						
结果统计	班级	分值	班级	分值	班级	分值

检查说明:每学期从第一周开始,各班轮流值日一周。值周任务包括校门口值日、自行车摆放、校园保洁,上午大课间、下午上课前、课外活动三个时间段,由班主任安排学生值班,值日老师负责督促记录,学生安排是北教学楼西楼梯4名,中、东楼梯及三楼、二楼各2名,南教学楼东、中、西楼梯及三楼、二楼各2名,操场4名;老师安排是北楼2名,南楼2名。

值周学生及老师巡视校园,进行保洁并做好以下考核:楼梯、楼道内不准追逐打闹,语言文明,不说脏话,举止文明,不随地吐痰、乱丢垃圾,爱护环境,不踩踏花草,不攀折树木,不买不吃零食。

以上各项如有违反每人次扣0.5分,值周班级工作不到位扣0.5～2分。

附件三

E中学简介

E中学地处风景秀美的相山脚下,位于市区古城路56号,学校创办于1973年,是一所淮北市教育局直属的初级中学。目前在校学生 2562 人,48 个教学班;教职工 200 多人。学校占地面积 30318 平方米,校舍面积 17525 平方米。学校拥有标准运动场 1 个,多功能体育馆 1 个,多媒体教室 4 个(48 口教室全部装备班班通)。生物实验室 1 个,物理实验室 2 个,化学实验室 3 个。计算机教室 3 个,图书馆藏书 7.5 万册。

学校坚持"和求共进,力竞一流"的学校精神,在充分调动全员工作积极性的同时,大力加强师资队伍建设,促进教师专业发展,教师在各级各类教学比赛中喜报频传,2008 年以来,先后有邱广东、周伟、宋四化、周新松、侯静、庞莹 6 位教师,在全国教学比赛中荣获一等奖。学校秉承"博文约礼,笃志力行"的校训,大力推进素质教育,注重学生的全面发展,在省、市组织的读书征文、演讲、书画、科技创新等各类学生比赛中,成绩优异;2005～2016 连续十多年,中考成绩稳居全市前列,优秀率、及格率等各项指标,都以明显的优势处于全市领先的位置,现已成为淮北市初中教育的一面旗帜。学校校先后被评为"全市教育工作先进集体""全市先进团组织"“安徽省未成年人思想道德建设示范学校""市综治工作先进单位"等。

“币值”导向下小学生积极行为的培养
——以常州市武进区D小学为例

摘　要：钟启泉教授在“基础教育课程改革纲要解读”中强调道德教育，指出小学生的道德认知、行为实践是一个不断提升的工程。常规“道德灌输”可以向小学生传授和灌输有关思想道德的观念，但是过多的灌输或说教存在一定弊端。亚里士多德认为，德性更重要的是通过活动和习惯逐步养成。可见，开展丰富多彩的主题活动是德育教育的有效途径。怎样让学生在快乐的活动中，有效地提升认知与行为实践能力，是学校教师常思考的问题。本文将通过D校实施的“好习惯伴我成长活动”，阐述在“币值”导向下，学生认知、行为的培养过程。

作者简介：徐玲(1982～)，女，硕士，江苏常州人，常州市武进区戴溪小学高级教师，德育办主任，研究方向为学校德育。赵小云(1980～)，男，山东莱阳人，淮北师范大学教育学院副教授，博士，硕士生导师，主要研究方向为教育心理学。

编制说明：作者对案例涉及的学校名称、人员做了必要的掩饰性处理；本案例仅供教学讨论之用，无意提倡或暗示某种管理理念、方法或体制比其他管理理念、方法或体制更为有效或合理。

一、背景

学生良好的行为习惯是素质教育的目标之一，也是学生健康成长的重要保障。江苏省文明委在2014年制定并下发《关于在全省开展未成年人文明礼仪养成教育的意见》和《江苏省未成年人基本文明礼仪规范》，强调要突出抓好未成年人的“八礼四仪”。江苏省教育厅、团省委等要求各校全面推行并实施“八礼四仪”相关内容。

长期以来，学校德育侧重于学生的道德认知，忽视学生道德情感的陶冶，忽略学生道德行为习惯的培养，一些道德活动设计缺少具体提升与长效引导，导致道德教育效果甚微。“八礼四仪”学生行为习惯培养的提出，对学生行为、道德培养，起到很好的导向与引领作用。

怎样实施“八礼四仪”内容，有效培养学生行为习惯？作为学校首先得整体构建、设计活动方案。设立具有目标明确、过程合理的指导性方案，能够激发学生参与的积极性、主动性与持续性，使学生行为在自主认知、长期实践中，养成良好实践习惯。在活动实施过程环节，学校需制定明确具体的实施要求，如活动的安排、实施步骤、人员配备等，指导行为培养活动的开展与实施。此外，除了有效的行为培养活动，学校还应设立对应的评价机制与保障体系。通过评价机制，激发行为实践者能够不断实践并完善行为；通过保障体系，有效维护活动的正常开展。

在“八礼四仪”行为要求颁布两年多来，武进区D小学围绕学校特色与地方名人，开展利用“币值”培养学生行为习惯系列活动，逐步培养并完善学生的行为习惯。如今，此项活动已展现一定的成效，学校也形成相应的实践经验。本文将围绕 D 校的实践活动案例，阐述学生良好行为习惯培养的方法与策略。

二、"币值"活动案例描述

德育是促进个体道德自主建构的价值引导活动，是道德认知、情感和实践能力等方面不断建构的教育活动。良好道德行为习惯的养成主要通过道德认识、道德情感、道德意志和道德行为四个要素的有效结合。D 校开展的"好习惯伴我成长"主要通过"币值"引导与兑换等活动，让学生建立正确的道德情感与认知，养成良好的行为习惯。

（一）"币值活动"的认知引导

小学阶段是良好习惯培养与定型关键期，这阶段的学生已具备一定的道德认知能力，能够通过所认知的道德标准来评价自己或他人的道德行为，开始明白用道德标准来约束自己，他们的意志由弱变强，开始由他律向自律过渡。因此，D 校开展"币值"引导活动，首先是要让学生建立正确的行为认知，并以此为实践标准。

1. 树立正确的行为认知

行为认知即对现实行为规范的认识，包括行为印象的获得、行为概念的形成、行为思维和判断能力的发展等。行为认知是行为实践的开端，也是行为实践良好的指向。D 校实施好习惯伴我成长"币值"活动的实施目标之一是引导学生自我管理，重点培养学生良好的学习、卫生、行走等习惯。活动前期，为培养学生正确的行为认知，D校对“学会行为理财，养成好习惯”进行集中教育与广泛宣传，使全校范围内的学生明白良好的行为包括“文明之礼”“善学之礼”“行为之礼”“餐饮卫生之礼”等内容。为了让不同年龄段的学生对具体内容有一个清晰的了解，D校专门设计了低年级版的行为实践内容与中高年级学生的行为实践方案。表1和表2分别展示了两个年龄段“四礼八规”的相应内容，低年级学生的行为实践内容，主要采用简单易懂的儿歌形式。

表1　　武进区D小学低年级“四礼八规”内容

四礼	八规
文明之礼	讲文明，懂礼貌；见老师说您好；得到帮助说谢谢；打扰说声对不起；人人都要讲礼仪
	升国旗，要敬礼；高唱国歌，要肃立
善学之礼	写好字，要牢记：头正肩平脚着地；三个“一”，要牢记：眼离书本一尺远，胸离桌边有一拳，手离笔尖要一寸
	上课铃声响，赶紧进课堂；书和文具盒，摆在桌子上；起立要站直，坐下不乱晃，不做小动作，上课要听讲；发言先举手，回答要响亮；学会守纪律，做个好学生
行为之礼	开门轻关门轻，上楼下楼脚步轻，轻手轻脚少出声；课间休息有交际，楼道右行守秩序；先做作业后玩耍，按时作息有规律；不追跑来不打闹，文明礼仪要做到；操场上面不乱跑，轻声步行懂礼貌；好好放松休息好，老师不在都一样；学生常规要牢记，做个合格小学生
	整队集合快静齐，你在前，我在后，不说话，不回头，一个跟着一个走，精精神神齐步走
餐饮卫生之礼	分好菜，吃午餐，细细嚼，慢慢咽，不剩饭，不挑菜，干净卫生真能干
	小书包勤整理，大在下，小在上，硬在下，软在上，零散物品单独放

表 2　　武进区 D 小学中高年级"四礼八规"内容

四礼	八　规
文明之礼	1. 对人有礼貌，会主动打招呼。会使用"您好""谢谢""对不起"等文明用语
	2. 会正确地敬队礼，升国旗时脱帽、注视国旗行队礼，唱国歌声音响亮
善学之礼	1. 写字时眼距书本一尺的距离；胸距桌边缘一拳、手指距笔尖一寸的距离
	2. 养成上课认真听讲老师讲解与同学发言的好习惯，主动思考，清楚表达
行为之礼	1. 课间不大声喧哗，不追跑打闹，上下楼梯靠右行，不上跑下跳，不并排前行，不推挤他人
	2. 集体行走队伍整齐，精神饱满
餐饮卫生之礼	1. 用餐时能轻声细语，相互礼让，不挑拣食物，不剩饭菜，桌面保持清洁
	2. 能每天整理自己的书包和课桌

2. 建立积极的认知评价

评价标准是人们在评价活动中应用于对象的价值尺度和界限。D 校设计适合各年段学生的"四礼八规"内容，就是学生相应行为的评价标准。小学生的认知评价主要是对评价内容指导行为的认知，其强调学生对内容的主动建构。为让学生建立积极的行为认知标准，D 校设立了"好习惯"奖励机制。每一个好行为都能够得到相应的奖励红星，集满一定的星能获得校内通用的"翼溪币"。而每张"翼溪币"都有一定的价值，学生可换取自己想要的物品与机会。如"六一儿童节当天的活动与奖品"、"义卖活动中的指定商品"、"艺术节、科技节、体育节"中的晋级机会、"与老师或校长的签名合影"、"免费的旅行、参观的实践信息"、"全校瞩目的升旗手"、"获得优秀、三好学生参评资格”等等。这样的评价奖励设计，让学生明确践行良好行为将得到相应的收获，从而使之内心建立积极的行为认知。

（二）“币值”活动的情感认同

情感是行为发展的内在动力，是学生思想品德形成的催化剂，加强情感培养有助于学生行为、品德的完善。D校开展的好习惯伴我成长“币值”活动，主要让学生对活动实践有良好的情感认同，并以情促行，养成自律的行为认知与情感。

1. 情感认同促进行为实践

德育是一种以情动人的教育，学生良好的行为是在情感认同的前提下实施的。缺乏道德情感和道德意志支持的行为实践，忽视学生独立思考和道德判断，将导致一些学生未能将道德认识上升为道德信念与实践，从而达不到知行统一的目标。D校开展的“好习惯伴我成长”“币值”活动，除了有具体的行为实践内容，学校还建立了相应的“翼溪币”兑换规则：学生只要讲文明、懂礼貌；上课认真听讲、积极发言；课间规范行走，学会自我管理就能得到相对应的打星奖励。由于兑换内容具有一定的吸引力，且设定的行为目标也易达到，学生对集星兑换活动充满热情。

我们知道学校本身就是一种教育“场”，它不仅能使人的情操得以陶冶，人的行为得以规范，而且还能使人对所在组织的目标、准则的认同感和作为其中一员的使命感、归属感得以充分激发，使组织成员形成强烈的向心力、凝聚力和群体意识。D校的“好习惯伴我成长”活动，是一项全校性的活动，每一位学生都是参与的对象，也是评价的对象。作为好习惯活动的成员，学生的表现在班内每天进行“打星评价”，学生生活在这样的环境中，情感上潜移默化地认同了“场”内相应的实践内容与规则，实践中也将践行相应的行为活动。

2. 情感认同推动行为自律

情感是人类全部活动的枢纽，能对个体的认知、行为产生调节，驱动个体行为的发生，进而使个体对自身的认知与行为产生自律。小学生情感一旦认同，就会影响到行为动机、行为意志和行为习惯，并对行为具有评价、调节和激励的作用。D校实施的活动主要通过让学生对“翼溪币”领取、使用、兑换进行了解，明确活动要求与标准，从中产生积极肯定的行动情绪，认同学校设立的“四礼八规”的内容，并过渡到按照此项标准进行实践的自律活动中。如在“卫生之礼”活动中，学生在情感上认同班级的值日、个人卫生相关的内容，内心能维护学校的公共卫生。在实践活动中，就能对自己相应行为进行约束与调节，自觉遵守与维护“卫生之礼”相应的内容。

（三）“币值活动”的行为实践

行为是受思想支配表现出来的外表活动，是意识内容的外化、客观化的过程。著名教育家陶行知认为“行为习惯要在生活中培养”“在实践中养成习惯”。叶圣陶先生也提出“教育就是习惯培养”。良好的行为习惯需要学生认知、情感的支配，还需要长期的实践训练与培养。

1. 引导学生积极参与实践活动

学生行为完善的主要途径是自主参加实践活动。学生只有通过主动、积极的行为实践，才能深刻地领悟活动内容，并形成良好的行为。D校的“好习惯伴我成长”活动，主要运用对学生每天行为进行打星、每周进行“翼溪币”兑换、每期进行奖励活动来吸引学生，使之主动参与实践活动，并建立起良好的行为。

2. 践行规范的行为实践

规范行为指社会成员普遍同意的有关群体和群体成员的标准行为。这些标准的行为是社会成员的长期互相交往的结果，是群体成员共同遵循特定原则和标准的行为。践行规范的行为实践，主要让学生确立正确的行为实践认知，通过各种实践途径，自觉形成良好的习惯。

（1）强化以践行为主的榜样运用。

榜样主要以自己的精神风貌和道德行为为示范，以自身的人格魅力潜移默化地影响引导学习者朝着积极、健康、文明的方向前进。学生身边的小榜样因其直接、亲切、典型，对学习者的道德行为有着很好的引领作用。

小学生身边的榜样人物的行为能为学生行为实践提供现实的典范，促使模仿者在行动中不自觉地模仿，进而养成良好习惯。D校在“好习惯伴我成长”活动中，对学生每日的行为进行评价，根据学生的行为进行奖励。奖励的对象也即学生身边的榜样，他们有着良好的行为习惯，和他们一起学习一起生活，能让周围群体建立正确的行为认知与评价标准。特别是对于主体意识日渐觉醒、主体地位不断得以强化的小学生而言，榜样实践的确立显得尤为重要。D校在活动中有效运用榜样的示范作用，通过宣传、奖励，树立正面典型人物的形象，激励其他学生积极地接受优良的行为规范。通过加强其他学生对榜样的心理认同感,促进其不断模仿榜样行为、领悟榜样内涵。如拾金不昧的好学生、班级中受表彰者就是学生身边鲜活的榜样。在身边榜样行为的引导下,学生的校园生活实践,也将逐步践行D校设立的行为规范要求。

(2) 实施以践行为主的竞争机制。

竞争是个体或群体间力图胜过或压倒对方的心理需要和行为活动。竞争精神是个体或团体对待竞争采取的不服输、追求卓越的态度和信念,竞争精神是社会和个人不断进步的动力。在“好习惯伴我成长”中,D校利用“翼溪币”来奖励学生的良好行为,无形中产生一种内在的竞争。学生在平等的环境中,以自己的行为自由地竞争“翼溪币”,这种评价机制不仅培养了学生良好的行为,更增强了学生争取良好行为的“向上心”。

(3) 确立以践行为主的自我评价。

自我评价是主体对自己思想、愿望、行为和个性特点的判断和评价。小学生的自我意识处于过渡阶段,特别是低年级学生,未能形成道德自我。高年级的学生自己能够评判自我所表现出的行为,但也需逐步引导。为使学生的行为发展得更为自觉、健全,让他们建立良好的行为自我评价十分必要。作为教育内容“自我评价”这一主题,培养要求是学生能对自己的行为进行自知、自控、自评。为此,D校采用学生互评与自评的方式开展“好习惯伴我成长”活动,让学生每天对同伴及自己的行为进行打星。一方面是建立学生对他人及自身行为的评价,另一方面也是培养学生对正确行为进行再认知,对自身行为进行再反思。在这长期循环的行为评价中，学生将初步建立行为评价和反思能力。在实践生活中，他们也将逐渐学会自理，养成有效的自我监管能力。

三、案例活动分析与总结

学校教育有目的、有计划、有系统地对受教育者施加影响，并通过受教育者积极的认识、体验与践行，以使其形成一定行为实践。学生良好的行为习惯是在行为认知、情感认同、行为实践的不断循环反复中建立的。学生在D校实施的“好习惯伴我成长”活动中，个人道德行为认知在“翼溪币”奖励与兑换中逐步地构建，道德行为在实践行动中逐步培养，并体现积极的态势。通过对D校实施的“币值导向下的学生行为培养”案例分析，我们可以发现此项活动对学生行为习惯的培养主要采用以下实施策略。

（一）建立明确的活动目标

活动日标是有共同目的的成员联合起来并完成一定的内容或标准，它是达到既定日标或最终行为的明确规定。活动目标对实践活动有着内在的规定性，对活动过程起着支配与指导性作用。D校实施“币值导向下的学生行为培养”设有明确的活动目标，通过确立学生行为内容所到达水平的期望与标准“好习惯”，利用“币值”活动进行认知引导，让学生树立正确的行为认知目标，建立积极的认知导向，确立正确的行为认知规范，即D校设立的“四礼八规”内容、“翼溪币征集、兑换”内容等。在活动实施过程中，D校设立的“币值”活动关注学生情感，让学生在情感认同实践要求与目标中进行行为实践，积极利用良好行为去获取“翼溪币”奖励，学生习惯的培养也逐步从他律的行为活动向自律的实践过渡。在好习惯币值实践活动过程中，学校利用榜样教育、竞争机制、评价活动等让学生明确的活动要求与评价目标，使其在真实有效的实践目标导向中逐步培养良好行为。

（二）设计长期的活动内容

学生良好行为品质的形成不是一蹴而就的，必须经过反复教育，不断地自我加强，才能逐渐形成。小学生的行为认知与行为建立更是一个长期的过程，在长期的行为培养实施过程中，D 校设计的活动关注学生的知、情、意、行的独立性与相互联系的特点。在培养学生良好行为习惯过程中，首先让学生建立正确的行为认知，通过情感与意志的参与调节学生行为。在上述案例中我们可以发现，D 校在“好习惯伴我成长”的币值活动中，通过广泛的传播教育、积极活动引导，让学生建立良好的行为认知；通过每日实践体验，培养了学生的情感强度与持久度；采用榜样引导、奖励评价方式培养学生长期活动的行为意志力。

行为心理学研究表明：7 天以上的重复会形成习惯，21 天的重复会形成稳定的习惯。因此，小学生良好行为的形成也不是朝夕之事，需长期的积累过程。案例中 D 校设计每天打星评价、每周兑换币值、每月兑奖奖品等方式对学生行为进行评价激励，使学生的行为在长期潜移默化的活动中得到践行与发展。

（三）实施层递的实践活动

心理学认为个体行为养成的过程，是“强化—内化—

外化”不断的反复、层递升华的过程。可见，学生行为习惯养成需在持续不断的层次性活动中逐步转化。小学生行为处于从他律走向自律阶段，为了外在的强化，D校通过行为礼仪宣传、币值活动引导，增强学生对好习惯的认知与实践。内化过程是一个认知、情感、意志有效结合的过程。案例中D校采用榜样、表彰等多种方式，对学生的行为进行周期性评价，使学生内心建立良好的行为规范。行为的本质是自律，行为的养成教育绝不能只是强化操纵下的他律，更重要的是引导学生自觉地加强行为的养成。案例中D校通过让学生积极、主动地参与好习惯活动，亲身感受、体验实践活动，将外在的行为要求内化为学生自身的行为需要，进而使好习惯认知自主转化为实践行为。当然，D校对学生行为内容的要求和规范性也在逐层提高。如“文明之礼”第一条，学校对低年级提出的要求是“讲文明、懂礼貌，见老师，说您好”，而中高年级的要求为“对人有礼貌，会主动打招呼。会使用‘您好’‘谢谢’‘对不起’等文明用语”，学生的行为内容的层次更加宽泛。对低年级学生行为规范D校有明确具体的行动要求，如“小书包勤整理，大在下，小在上，硬在下，软在上，零散物品单独放”，而高年级除了整理书包还增加整理课桌等，可见其内容指向更加宽泛。通过分析我们还可以看出，D校创设的评价奖励机制也具有层递性，从“打星”到“集星换翼溪币”，到“用币兑换奖品与机会”等一系列评价活动，具有明显的层递性，在这层递的活动评价过程中，学生的良好行为也逐步得以培养与建立。

在实践的意义上说，学生的好习惯既无起点又无终点，是发展变化的动态系统，是强化、内化与外化连续不断、循环往复层递的发展过程。因此小学生行为习惯教育必须坚持“强化—内化—外化”的内在统一，更需持续不断地逐层教育与培养。

（四）确立有效的评价机制

评价是对一件事或人物进行判断、分析后的结论。活动中的评价是对活动实践信息的反馈，也是活动提效的有效途径。它一方面反馈活动实施的状况，另一方面反馈实践者的行为表现及效率。案例中D校开展的“币值”活动，本身就是一个评价性的实践活动。在活动开始就提出了有效的评价方式，“打星”“换翼溪币”“兑换物品与各种机会”。这种评价方式，让学生一开始对评价结果有一个良好的期盼，学生在活动中的每一个正确表现都能够获得奖励。这样有效的评价与奖励，使学生愿意用自己的行为积极地参与实践活动，进而养成良好习惯。

良好的行为是一个人思想道德水平、文化修养、交际能力的外在表现，是道德实践的重要内容。对于小学生来说，得体的礼仪，文明的行为举止能更好地与人相处。孔子在“论语”中曾多次提到礼，并把礼作为仁德的外在表现，行为礼仪的实践就是为了实现内在道德规范的价值。在D校实施的“好习惯伴我成长”活动中，学校有效地利用“币值”这一导向，让学生在多样化、长期性的活动过程中逐步地成长，潜移默化地养成了良好的行为。当然，行为习惯的培养需要有既定的目标、长期层递性的活动，也需积极有效的评价，多方合力作用才能起到更好的实效。

案例思考题

1."币值"导向下小学生积极行为的培养，其背后的理论依据有哪些？

2. 当小学生不良行为出现反复时，怎样有效进行引导，使其快速转变？

3. 除了"币值"导向来培养小学生的积极行为外，还有哪些好的方法能帮助小学生养成良好行为？

从“被拒绝”到“被接纳”

摘　要：幼儿的同伴交往对幼儿的身心健康发展起到重要的作用。幼儿经常“被拒绝”就是因为其同伴交往关系不良造成的。“被拒绝幼儿”喜欢交往，但在交往过程中不注意交往方式，多攻击性行为和退缩行为，亲社会行为少，其社会交往技能差，因此经常会被同伴排除在团体之外，在集体中不被多数幼儿接纳和喜欢。如果不及时改善他们的同伴交往状况，就会影响他们以后的社会适应和健康心理品质的形成。文中就有一个幼儿，是同伴交往类型中典型的“被拒绝”型幼儿，在师幼互动、同伴互动中都存在一些问题。笔者通过观察，分析她总被“拒绝”的原因，采取有效干预策略改善她的同伴交往状况，提高她的社会交往能力和

作者简介：郭明煜，女，安徽省淮北市濉溪县第一幼儿园，一级教师。程志宏，男，安徽省淮北师范大学教育学院，副教授，硕士生导师。黄胜梅，女，安徽省淮南师范学院教育学院，讲师。

编制说明：作者对案例涉及的学校名称、人员做了必要的掩饰性处理；本案例仅供教学讨论之用，无意提倡或暗示某种管理理念、方法或体制比其他管理理念、方法或体制更为有效或合理。

被接纳程度，让她能融入同伴交往活动中，体验到与同伴交往的乐趣，最终促进自我概念和人格的健全发展。

2012年教育部出台的《3～6岁儿童学习与发展指南》明确指出：人际交往和社会适应是幼儿社会学习的主要内容，也是其社会性发展的基本途径。很多研究表明，4岁左右是儿童社会性发展的关键期，同伴在儿童的社会性发展过程中起着成人无法取代的重要作用。良好的同伴关系不仅能满足幼儿的社会交往需要，也能促进幼儿自我概念和人格的健全发展。然而，由于家庭结构的核心化、居住环境的城市化和生活方式的快节奏化，加上独生子女政策的推行和现代家长重智育的一些教养方式，我国幼儿同伴交往的现状不容乐观，尚存在诸多问题。具体表现在，很多幼儿与同伴的交往机会和条件大幅度减少、同伴交往经验缺失，缺少社会技能，不会建立良好的人际关系，不善于与同伴合作，在成长过程中出现一些这样或那样的偏差行为。

根据国内外对幼儿同伴关系的研究，对幼儿同伴关系的测量主要有观察和社会测量等方法。依据这些方法，国外的一些研究者将同伴关系分为五类：受欢迎幼儿、被拒绝幼儿、被忽视幼儿、矛盾的幼儿、一般的幼儿。国内的庞丽娟运用现场同伴提名法对幼儿同伴关系的研究指出，幼儿同伴交往有四种主要类型：受欢迎型、被拒绝型、被忽视型、一般型。其中被拒绝型幼儿指不被多数同伴喜欢的儿童。他们在交往中活跃、主动，但是交往中行为不友好，有攻击性行为，因此被多数幼儿排斥、拒绝。

在幼儿园中，我们常常会见到一些同伴交往不良的幼儿，他们因为自身心理行为的某些特征和一些其他的因素，造成了同伴交往不良的现象。黄显军等(2009)在研究中得出，儿童交往困难的主要表现有：攻击性、强制性行为或退缩行为，只跟固定对象交往等。庞丽娟(1993)的研究指出：幼儿同伴拒绝是同伴交往不良的主要表现之一，应当引起研究者和教育者的广泛关注。同伴拒绝属于同伴接纳的发展指标范畴。从社会测量的角度来看，被同伴拒绝的幼儿是负提名得分较高而正提名得分较低的儿童，他们具有高水平的同伴拒绝和低水平的同伴接纳。从幼儿的外在行为来看，被拒绝幼儿在同伴交往中消极、被动，交往技能与策略低下，经常发生攻击性行为或退缩行为，不善于与人沟通和合作。正是由于自身不良的行为习惯，导致他们经常遭受到同伴的排挤和拒绝。在学者最初的研究中，人们认为幼儿被拒绝主要是因为他们外在的攻击性和反社会行为，但是随着研究的深入，更多复杂和多样的因素映入研究者们的视线。对有合作行为的被拒绝幼儿的研究发现，被拒绝幼儿除了有攻击者，还有退缩者，所以，攻击不一定是同伴拒绝的主要原因，退缩也可能导致被拒绝。因此，幼儿被拒绝的原因是多样化的，不能单一地从行为外表来分析幼儿被拒绝的原因，还要考虑到幼儿的心理、气质等多方面原因。

许多心理学家认为，被拒绝幼儿的同伴接纳程度都很低，这些幼儿虽然喜欢交往，但交往中行为多消极和攻击性行为，通常会被排除在团体之外，不被多数幼儿接纳和喜欢。这种同伴交往不良对于幼儿以后的社会性和整个身心的发展都极其不利。作为教育者，如果不及时改善他们的同伴交往状况，会影响他们以后的社会适应和健康心理品质的形成。鉴于此，在儿童发展的早期阶段，幼儿园教师和家长应该重视被拒绝幼儿的存在，并采取有效干预策略改善被拒绝幼儿的同伴交往状况，促进其社会交往能力，让他们体验到与同伴交往的乐趣，从而促进幼儿自我概念和人格的健全发展。

一、“被拒绝”的萌萌

萌萌，女孩，5 岁半，爸爸是公务员，妈妈是教师，有一个弟弟。萌萌刚从乡下幼儿园转来，每天都是由奶奶接送。通过和家长的谈话，我们了解到萌萌 1 岁左右时，因为父母都在县城里工作，工作繁忙无人照顾她，就把她送到了乡下爷爷奶奶家，由其奶奶抚养。奶奶邻居家有个男性同龄小朋友是她的玩伴，这个玩伴父母离异，行为有些冲动暴躁。萌萌 3 岁左右，奶奶就将其送到乡下农村幼儿园上托班。到了 4 岁时，父母将萌萌接回来，在郊区的一个私立幼儿园上小班。5 岁时，由于家庭住址搬迁，父母又将其转至某幼儿园中班。据了解萌萌现在是周一至周五在奶奶家住，周五晚上才回家跟父母住，所以一直和奶奶亲近。奶奶是乡村小学数学教师，能看出来平时比较严厉，对萌萌的态度也很差，经常大声呵斥她。萌萌性格活泼开朗，很喜欢唱歌，教师教的歌曲很快就能流利地唱出来；还喜欢讲故事，故事情节完整、生动。能看出来平时她喜欢和同伴交往，也会主动和老师互动。由于萌萌是转学生，所以在刚转来时，幼儿园老师就努力为她创造和谐的同伴交往环境，鼓励其他幼儿多和她相处，和她做好朋友，希望她能更快地融入班集体生活。但是，通过入园一个月的时间，老师渐渐地发现，萌萌越来越不受欢迎，小朋友们开始排斥她，拒绝和她一起游戏，她在交往中出现的行为问题越来越多。具体行为表现可以从以下几个事件中看出。

【事件 1】 在集体教学活动时，萌萌总是在凳子上扭来扭去，坐不住；总是和其他幼儿说话，不注意听讲，没人理她，她还会动一下旁边小朋友的头发、拽拽别人的衣服；有时，还会离开小椅子，随意地在椅子附近走动，把小椅子弄出声响来。面对这样的情况，教师会说她几句，如果不见效，就会严厉批评她，她才会安静下来。可是过不了多长时间，她又开始重复这种表现了。她的这种行为影响了教师的教学活动组织安排，长期下去，不但使得教师无法合理地进行教学，甚至连其他幼儿也会跟随其模仿。萌萌这样的行为方式，使教师很苦恼，她总是打扰别人上课也引起其他幼儿的反感。

【事件 2】 在游戏活动时间，萌萌总是不能遵守游戏的规则，扰乱其他幼儿游戏。比如，在一次户外活动中，小朋友有序地参加跳圆圈的游戏。萌萌希望多进行游戏，于是开始插队，推倒别的幼儿。小朋友告知老师后，老师出面制止。萌萌开始发火，损坏体育器械。老师对其行为开始管制，她就开始拼命挣脱老师，踢踹、踩踏老师。挣脱老师束缚后，萌萌开始在操场上乱跑、爬行，完全忽视规定的活动区域与活动规则。为了防止意外发生，老师不得不停止户外活动，将幼儿带回教室，其他的幼儿没有玩得尽兴，也都很生气。对于这件事情的发生，萌萌完全没有意识到自己行为的不合理之处，当老师问她：“你这样做对吗？”她并不理会，而认为她想怎样就怎样，完全不考虑游戏规则和秩序。从案例中能看出萌萌在与同伴交往中攻击、冲动行为偏多，亲社会行为偏少，比较消极、情绪化。这种以自我为中心，不能与同伴友好相处，参加游戏活动时行为散漫、不受约束，也直接导致同伴在之后的游戏中不与她合作游戏，经常拒绝她参与其中。

【事件3】 有一天下午等待离园时，全班幼儿拿自己的小凳子到墙角坐着看书、聊天，等待家长。萌萌从包里拿出家里带来的《小猪佩奇》，甜甜坐在旁边正无所事事，看见萌萌拿出的书籍就问她，这是什么书啊，借我看看。萌萌奋力将书抱在怀里说：“不给，这是我爸爸买给我的。”

【事件4】 有一次在区域活动时，萌萌在活动室晃了一会，最后来到娃娃家。她默不作声地看着娃娃家里正在玩的三个小朋友，约一分钟后，她蹲下来在娃娃家区旁边拿起了一个废旧盒子无目的地玩着。看得出来，她还是挺想加入的。过了一会，她说：我能加入吗？这三名幼儿看了看她，都异口同声地说：“不可以，我们这里人手已经够了。”恰巧恬恬也来了，她看了娃娃家区的小朋友们几秒钟，装作敲门，“咚咚咚”，有人回应了“谁来了？”恬恬回答，“不好意思，打扰了，我是修理工，你们家冰箱不是坏了吗？”“哦，是的，那你进来吧。”恬恬成功加入了同伴正在进行的游戏，她和快乐的“一家人”开心地玩了起来。萌萌当时很生气，对着这几个小朋友大声说：“你们真讨厌，我再也不理你们了。”说完转身失落地走开了。这几个小朋友没有人回应她，继续玩她们的“娃娃家。”

【事件 5】 有一次教学活动后，教师要求全班幼儿趴在桌上休息，同桌的朵朵小声地对萌萌说，“你身上好难闻，你的头发好乱，像鸡窝，哈哈哈。”萌萌当时就很生气，手握起拳头想打朵朵的头一下，朵朵不禁“哎哟”叫了一声。从那以后，她们两个就成了“敌人”，同伴关系就不友好了。

从这五个事件中我们能看出，萌萌缺乏维持同伴交往的技能，她没有采用积极态度和行为对待他人，缺乏分享、商量、合作，这导致她与同伴交往结果大部分以失败而告终。也直接影响其同伴关系。我们还发现萌萌缺乏一定的社交语言技能，语言交往较少，如主动跟同伴打招呼或交谈、礼貌性地询问有关游戏或别人的事情以及请求获得物品等。其同伴交往性质以消极和中性为主，积极交往相对偏少，交往方式以动作为主，易攻击别人。情绪上容易冲动不会情感控制，这些都影响着她与其他幼儿的同伴关系。她和同伴交往中亲社会行为偏少，与同伴之间发生的冲突次数越来越多，老师和同伴对她的评价越来越差，都认为她“多动”“调皮”“不懂礼貌”“不喜欢和她玩”等等，渐渐地同伴开始拒绝和她交往，萌萌成了一个在同伴交往中“被拒绝”的孩子。

二、萌萌被同伴拒绝的原因

观察到萌萌被同伴拒绝现象以后，我开始寻找她被同伴拒绝的原因，主要有如下几个方面：

（1）自身的生物特征。萌萌因为是奶奶带大的，穿着上有些邋遢，每天奶奶也不会给萌萌梳各种漂亮的小辫，头发也总是乱蓬蓬的，生活习惯也不好。这些外表特征在一定程度上影响了她的同伴交往。从案例中也能看出萌萌的社会交往能力较弱，还可能缺乏情绪调节能力，在交往中缺乏亲社会行为技能，对同伴不友好不合作，缺乏控制和移情能力，消极行为过多，缺乏受欢迎儿童的积极、友好、敏感、分享等特质，社交策略单一且有时无效。有时候萌萌也会有主动交往的愿望，在交往时会发出一些互动的信息，但往往被误解而遭到拒绝，这反过来又更恶化了她对同伴的看法，使得她有敌意心理。萌萌的行为也表现出过度的以自我为中心，常常固执己见、唯我独尊。这些都导致了她不能与同伴建立良好的关系，受到同伴的排挤和拒绝。

（2）教师评价与同伴偏见。幼儿的心理认知水平很低，对其他小朋友的评价是建立在成人评价基础上的。由于幼儿的年龄特点，幼儿对同伴的评价多基于教师的评价，如果教师表现出喜欢某个幼儿，其他幼儿也会喜欢这个幼儿，该幼儿就会变得很受欢迎；如果教师不喜欢或者经常批评某个幼儿，那么这个幼儿也得不到其他幼儿的关注而遭到排挤，不愿意和她一起游戏。在日常工作期间，可能因为平时工作任务繁重，职业压力大，当面对萌萌频繁制造“麻烦”的时，老师缺少耐心，没有运用合理的教育方法对其教育，对待她的态度也相对消极。老师对萌萌的负面评价多于正面评价，经常在其他幼儿面前批评她，也伤害了她的自尊心。

（3）不良的家庭教养方式。萌萌在上幼儿园之前主要是隔代教养，婴幼儿早期与其母亲没有建立稳固的、健康的亲子依恋，表现为无组织依恋的关系特征，导致萌萌对他人、对自己的看法皆有点消极，没有安全感，也缺乏自信。上幼儿园后，虽然和父母住在一起，亲子交流质量和数量还是很有限。从某种程度上来说，它对师幼关系和同伴关系的建立发生了负面的影响。老师通过了解知道，萌萌父母对萌萌的情感和心理需求既没有敏感性，也没有及时的反应性，导致了亲子互动质量不高。另外，从互动时间和频率的角度看也处于低水平。从和萌萌父母的访谈中可以发现，他们重视儿童智力因素和艺术方面的发展，而忽视情意方面的发展和社会性的培养。这种片面的教养观念导致了萌萌社会交往技能和策略相对低下。在家庭因素中，父母亲的行为和为人处世的方式给幼儿的行为发展提供了直接的榜样，从而对幼儿的交往产生间接影响。萌萌的奶奶脾气不太好，而且经常当着孩子的面发脾气，这为萌萌的观察学习提供了长期负面的示范，有潜移默化的影响，致使萌萌在同伴交往中也有发脾气的不良习惯。另外，现在家里又增添了一个小弟弟，害怕失去父母的爱，对萌萌的影响也非常大。

（4）没有建立起有效的家园沟通渠道。因为萌萌是刚转学的，老师与家长之间不是很熟悉，还没有建立起稳固的家园联系，平时沟通比较少。当萌萌出现这些行为问题时，老师没有和家长进行及时的反馈和沟通。在与家长的多次交谈中，老师发现家长对于孩子的不良行为常持逃避态度，当提到萌萌经常被其他同伴拒绝，家长还感到很不满。老师的几次反馈都没有得到家长应有的回应和重视，可见家长对孩子社会交往情况是不够重视的。这也降低了老师与家长沟通的欲求。

针对萌萌被拒绝的原因，老师设计并实施个性化的干预方案，改善她的同伴接纳水平，提高幼儿同伴交往能力和同伴交往质量，改善她和同伴的交往关系。

1. 正面引导

（1）首先改变观念，以发展的观点认识萌萌的行为问题，将她的行为问题视为发展过程中的问题来应对，多与她接近，主动关心或给予特别的关照，增加语言表扬、赞赏等。在集体教学过程中，多使用鼓励性言语与非语言的交流，如眼神、动作、表情和肢体接触等，多对萌萌进行引导和帮助的建议，让萌萌和老师之间形成亲近的信赖关系。

（2）尽力消除同伴偏见。对萌萌的行为关注要讲究技巧，忽视其消极、不恰当行为，而及时关注并强化其积极的进步行为，经常在全班幼儿面前夸奖她，给予物质奖励或者主动增加其参与活动的权利，增强其自信心，并以此改善全班幼儿对被拒绝幼儿的刻板印象、思维定局，消除同伴对她的偏见。

（3）有策略地对其干预，培养其多元化的社交技能。首先，多创造机会让萌萌与同伴一起活动或游戏，让她积累成功交往的经验，并在活动中给予社交技能的指导。

比如：创设主题活动“不随便动”“开心枕与出气包”“谁的朋友多”等，试图培养萌萌的亲社会行为、社交语言技能、情绪应对技能及社交策略。其次，全面改善班级活动区的布置，在原有活动区的基础上增加了几个社会性较强的区域，如倾听角、表演游戏区、角色游戏区、建构游戏区、手工作坊等，提高幼儿开展社会性游戏的兴趣，为幼儿开展社会性游戏创造条件和提供材料。在区域活动和自由活动期间，对萌萌的同伴交往进行个别化的、针对性的指导和帮助，促使其融入同伴交往中，不再总被拒绝。

（4）多关注萌萌的心理变化。经常和萌萌聊天，让她知道受同伴拒绝的原因，提醒其自我约束，并指导与同伴相处的技巧。

2. 帮助家长改变教养观念和策略

（1）建议家长改变教养观念，正视萌萌存在的问题，通过亲子游戏给予其归属与爱的需要。首先，通过和家长沟通，向他们反馈萌萌在幼儿园的行为表现，希望其父母改变自己的教养观念，认识到萌萌不仅需要基本的生理需要，还需要父母的陪伴与关注。其次，提醒家长改变萌萌邋遢的外貌形象，将她的外衣勤洗勤换，让她在干净整洁，变成漂亮可爱的小姑娘。第三，希望萌萌爸爸妈妈多陪萌萌，多进行一些亲子游戏，如：挠痒痒、吹泡泡、下棋、讲故事等，培养萌萌和父母良好亲子依恋和亲子关系，有利于萌萌学习轮流、分享之类的重要社会技能。第四，控制好看电视的时间和内容，观看时间不能过长，观看内容应有益于幼儿，比如看一些益智的和有科学常识的动画片等。第五，创造萌萌同伴交往的机会，如可以和小区的小朋友多玩耍，多进行户外活，或邀请同伴到家里玩，为萌萌创设增加亲社会行为的环境。

（2）建议家长改善家庭环境，增加萌萌与祖辈、同伴的互动机会。萌萌的父亲早出晚归，经常出差，母亲工作繁忙，无暇照顾她。在家庭聚少离多的情况无法改善的情况下，提倡祖辈加入到对孩子的长期教育中。因为，萌萌从出生到小班时期由祖辈照看，她渴求关注的行为并不高，直到中班时期母亲照看时，特殊行为才开始增加。由此可见，与祖辈的互动是可以适当减轻萌萌的特殊行为的。祖辈抚养虽然存在着诸多弊病，但是其优势也是不容忽视的，祖孙互动可以适当减轻萌萌内心的孤寂，有利于她的成长。萌萌的奶奶原来是小学教师，也有一定的文化水平，只需要提醒她注意萌萌的教养方式和自己对萌萌的教养态度，不能总是呵斥她，对她太严厉。同时，也可以邀请同伴来到家中与萌萌进行游戏，增加交往机会，提升交往技能。将祖辈和同伴引入到家庭环境的创设中，可以改变沉闷的家庭氛围，让家中充满欢声笑语。

（3）建议家长及时与老师沟通，向老师反映萌萌在家的真实近况，共同协商解决存在的问题。毕竟班里有三十多孩子，老师的时间是有限的，不可能在离园的时间中与每个家长进行深入沟通。老师与萌萌家长可以通过微信、电话的方式进行沟通，一起寻找孩子在园和在家的共同问题，在沟通中共同探讨。

四、萌萌的变化

经过两个月的干预，在教师、家长、同伴和幼儿共同努力下，萌萌的社会交往行为有了明显的进步。具体表现为：① 同伴接纳度提高，班里的小朋友都开始关注萌萌。大家也都有了很多新的发现。比如：萌萌爱干净了，喜欢帮老师做事情，还带了好看的图书和小朋友分享……看得出，孩子们都是真心地赞美她。② 攻击性等反社会行为减少，掌握了一定的社会交往技能。经过一段时间的干预后发现，萌萌从刚开始的受排挤，总被拒绝，到有幼儿主动过来找她游戏，同伴交往次数明显增多，交往成功率提高，不难看出萌萌同伴交往情况的改善显著。在与同伴发生争执的时候，不再有攻击性行为，也会听取别的幼儿的建议，讲究交往策略，其他小朋友也不再只是责怪她，跟教师告状的次数也明显减少了，大家都开始接纳了萌萌。通过观察老师也发现萌萌有了很大的进步，在同伴交往中，掌握了一定的社交技能，亲社会行为增多，老师也经常表扬她，她从一个总“被拒绝”的孩子变成“受欢迎”的孩子。③ 家长的关注度提高。在与家长的相处中发现，萌萌妈妈来接送萌萌的次数增多，在接送萌萌的时候，跟教师的交流次数增多，也会咨询教师一些问题，和教师一起探讨萌萌的变化和进步。萌萌说她和爸爸妈妈的亲子活动明显增加，回家的时候妈妈会和她一起看看书，也会给她播放适合观看的动画片等。

五、总结

在幼儿园中，我们常常会见到一些交往不良的幼儿，他们因为自身心理以及行为的某些特征，造成了同伴交往不良的现象。作为教师，要知道幼儿被拒绝的原因是多样化的，不能单一的从行为外表来分析幼儿被拒绝的原因，还要考虑到幼儿的心理、气质等多方面原因。我们要重视被拒绝幼儿的存在，并采取有效干预策略改善被拒绝幼儿的同伴交往状况，促进其社会交往能力，让他们体验到与同伴交往的乐趣，促进幼儿自我概念和人格的健全发展。

案例思考题

1. 在这个案例中，“被拒绝”型幼儿的典型表现有哪几种？导致幼儿在同伴交往中总被“拒绝”的原因有哪些？

2. 你认为教师对“被拒绝”型幼儿的教育干预策略有哪些可取之处？又存在哪些问题？

一个有逆反心理的孩子的改变

摘 要：学龄前儿童逆反心理是儿童心理成长的一个重要特征。面对有逆反心理的孩子，父母如果没有采取有效的教育方法，只是一味地发脾气或施以棍棒，便有可能形成"惩罚→逆反→再惩罚→再逆反"的恶性循环，影响良好亲子关系的形成和健康人格的养成。龙龙是一名中班孩子。他是独生子，是父母的掌上明珠。无论他有什么要求，父母都会尽量满足。只要他的愿望没有实现，强烈的抵抗情绪便成了他最有力的武器。父母经常因为忍受不了他的哭闹行为，一次又一次地向他妥协。对待具有强烈逆反心理的龙龙，我们没有简单粗暴地给予体罚或者恣意放纵，而是从家庭、幼儿园教育两方面着手给予积极正确的引导。一方面，在班级建立起尊重和接纳的氛围，促进

作者简介：金弘烨，男，淮北师范大学教育学院学前教育专业硕士研究生。卓靓婷，女，淮北师范大学教育学院学前教育专业硕士研究生。程志宏，男，淮北师范大学教育学院副教授，硕士生导师。

幼儿良好同伴关系的形成；另一方面，在家中创设包容性的环境，尊重儿童的学习方式，保护孩子的好奇心。在家园两方面的共同努力下，龙龙改正了破坏玩具的行为，逆反心理也得到了明显缓和。龙龙在幼儿园中慢慢地被大家所接受，小朋友们也愿意主动地和他一起玩耍，龙龙的身心都得到了健康的发展。

逆反心理是客观环境与主体需要不相符时产生的一种心理活动，并伴有强烈的抵触情绪，逆反包含着故意叛逆和反抗的意味，主要表现为叛逆传统和反抗权威。逆反心理是指为了维护自尊，而对对方的要求采取相反的态度和言行的一种心理状态。儿童的逆反心理是和自我意识的发展联系在一起的，表现为儿童要求行为活动自主和实现自我意志，反抗父母或者他人的控制，这是儿童成长中的自然现象。

幼儿逆反心理的主要特征为：① 盲目性。幼儿精力充沛，常常表现出好奇、好问、好动的特征。但由于心理的发展与这些特征不相适应，思维的偏激性很大，幼儿往往处于一种“找不到正确的活动途径、有劲无处使”的心理活动准备状态。于是，他寻找“使劲”的突破口，无论其正确与否，都盲目地加以抵制，甚至反其道而行之；遇到任何事，无论可行还是不可行，只要他想干，就会做出行动，随心所欲，不考虑后果，遇事容易感情用事，缺乏冷静的思考。② 感应性。人与人之间存在着互相感应的力量，而这种具有逆反心理的幼儿所产生的感应作用，对班级来说是一种逆向拉力，儿童个体逆反心理及其行为会影响班级里的其他幼儿，对其他幼儿的身心发展也产生着极其重要的影响。③ 可塑性。幼儿思想不成熟、不定型、可塑性大，只要善加引导，是可以有效控制的；并且有的幼儿具有逆反心理，但并不是处处都逆反，随着环境、条件的变化和教育的作用，因势利导，逆反可以发生逆转，具有可塑性。

用辩证的眼光看待任何事物都会具有其两面性，逆反心理也不例外。从积极角度来说，逆反心理反映了儿童强烈的自我意识和好胜心，不局限于别人的思想和敢于创新的精神。它在一定程度上成为儿童探究新事物的动力。在遇到不顺心、压抑、不满的事情时，逆反心理强的孩子敢于发泄，不会让不愉快的事情长期滞留在心中，并能防止畏缩、懦弱、保守、逆来顺受等消极的心理品质和性格的形成。逆反心理的消极因素更不可忽视。在科尔伯格道德发展理论中，0～9 岁是惩罚与服从的道德定向阶段。如果这一时期的儿童为了达到目的而不择手段，那么长大后，他们在工作时会为了达到某种目标，而无视社会的行为规范。逆反心理如果不及时纠正的话，他们的情感和行为会趋向于极端化，经常将自己与他人作比较，很容易产生轻微的报复心理，在遇到问题时通过和他人的对抗，来达到自己的愿望。

在孩子成长发展阶段，我们所熟悉的有两个叛逆期，一个是处在 3 岁左右的学龄前儿童期，一个是处在青春期阶段的少年期。根据埃里克森人格发展八阶段理论，

3～6岁儿童对周围世界更加主动和好奇，他们有着自信、较强的责任感等良好的品质，但是在遇到危机而没有正确解决危机时，会形成退缩、压抑、被动的人格。正确处理好学前儿童的逆反心理可以促进学龄前儿童身心健康发展，帮助他们完善人格。儿童良好人格的形成，是将来立足于社会的重要条件。拥有健全人格的人能够充分地了解自己，对自己的能力做出适当的评价；拥有健全人格的人能学会站在别人的角度考虑问题，友好地与他人相处，很好地控制自己的情绪；拥有健全人格的人能拥有适应社会的能力，与社会保持同步。

在这一时期，如果儿童的逆反心理没有得到正确的引导，那么随着年龄不断增长，他的逆反心理所产生的恶劣行为将会越来越明显，并带来诸多危险。在受传统教育思想影响较大的家庭中，长辈对待不听话的儿童，经常会使用严厉的教导方式（例如发脾气甚至体罚等），以此要求孩子远离危险的环境，但是这种禁令往往在实际效果上提醒了他偏要去触碰，反而加剧了孩子的逆反心理。如果孩子的不良行为反复出现，最终很有可能形成“惩罚→逆反→再惩罚→再逆反”的恶性循环，严重影响孩子与家长之间良好亲子关系的形成，不利于和谐家庭氛围的营造和儿童之间良好友谊的发展，影响儿童健全人格的形成，有时甚至会危及其生命。

一、龙龙所处的生活环境和真实事件

龙龙所在的是一所位于市中心附近的普通公办幼儿园，班级里有两名老师，一名保育员。龙龙是个四岁男孩，他个子较高，而且也比较强壮。在家中，他是独生子，和大多数城市儿童一样，享受着父母的宠爱。他的性格非常活泼好动，对外界事物有着强烈的好奇心和探索心，对待新事物他总是第一个去观察、去触碰，父母对此也无可奈何。龙龙的爸爸平时要上班，周末也忙着工作，所以陪龙龙的时间特别少。家中教育龙龙的事情，基本是由妈妈负责的。

【事件一】 在幼儿园户外活动中，老师将幼儿分成小组，每一小组轮流进行不同的游戏。当教师分配给龙龙这一小组扔沙包的活动时，龙龙偏要去踢足球。当小组轮到踢足球的时候，龙龙却又不踢了，而是拿起了跳绳。

【事件二】 教师在班级里教幼儿正确的写字和握笔姿势，要求身体坐正，头和书本保持一定的距离。但是，龙龙每次在写字的时候，手都握在笔尖，头趴在桌子上，身体更是弯成了一座拱桥。老师让他头抬高一点，龙龙就把头后仰，眼睛看着天花板，故意违抗老师的命令。

从事件一和事件二中可以看出龙龙对老师的安排和要求，采取一种“对着干”的态度，老师让他去扔沙包，他偏要去踢球；老师教他正确的写字方法，他也是采取与老师相反的行为，这种逆反心理所产生的对抗行为。在龙龙身上展现得非常普遍。

【事件三】 当教师因为龙龙的攻击性行为而找他谈话时，龙龙面对老师的询问始终保持沉默。老师一旦询问的时间久了，龙龙会不耐烦地大哭大闹，急匆匆地跳下椅子，并且跑着离开，情绪非常不稳定。

【事件四】 在家的时候，龙龙喜欢将自己的玩具从高处扔下来，并且这种扔玩具的行为经常出现。当妈妈批评他时，他会装作听不见，依旧干着自己的事；当妈妈惩罚他时，他会有轻微的身体抵抗；在反抗没有效果时，他会伴随着大声的哭泣与喊叫，立马跑开。

从事件三和事件四中可以看出，在面对老师和妈妈的询问与教训时，龙龙都会以沉默对待，不管你说什么，他都当作没听见。说教久了以后，强烈的逆反心理会让龙龙的情绪极不稳定，极力想要摆脱长辈的控制。

二、龙龙逆反心理的成因

幼儿的逆反心理是自我意识强化的一种表现。老师通过了解发现，龙龙逆反心理的成因是多方面的，既有个体身心发展的因素，也有家庭和幼儿园两个环境的影响。

(1) 儿童的反抗期是个体心理成熟的必经阶段。由于认知能力的发展和独立性的增强，四岁儿童的好奇心和探索欲望也越来越强烈，尽管他们的想法和要求经常会被父母和老师所否定，但是幼儿会表现出反抗和拒绝等行为来反抗他人的意志。他们有着强烈的自我主张，希望大人能够满足自己的想法。这正是孩子“自我意识”发展的表现，是儿童成长的必经阶段。

(2) 教师的教育方法使用不当。教师在看到龙龙的攻击性行为后，只是一味地语言说教，教育效果很差。长时间的口头教育势必会让龙龙产生厌恶的情绪和强烈的逆反心理，这对幼儿的心理健康发展极为不利。由于缺乏有效的心理辅导，龙龙无法控制好自己的情绪和行为，更没办法对自己行为的对错做出正确的判断。

(3) 父母的过分溺爱。长辈的溺爱是许多孩子产生逆反心理的重要因素。龙龙是独生子,是家庭的中心,享受着父母的宠爱。平时只要是想买的玩具或者想吃的零食,都会得到满足。家长总是满足他的愿望,让其行为越来越自我;当有一天愿望无法满足时,极易产生逆反心理,甚至会出现肢体冲突。

(4) 家长压抑孩子的想法,剥夺其好奇心。学龄前儿童有着强烈的好奇心和求知欲,喜欢探索和尝试,但是由于经验的缺乏,常常会造成一些“破坏”。因为方法不当,他们遭到了大人的批评。但越是限制,他们越想探索。对龙龙喜欢从高处扔玩具这一行为,他的妈妈总是很严厉地批评他,并没有静下心来询问龙龙扔玩具的原因以及心里的想法,在没有弄清楚前因后果的前提下贸然地批评,会让孩子产生不服气的心理。这种负面的语言,往往会引发孩子厌恶的态度,逆反心理随之愈演愈烈。

(5) 父亲教育角色的缺失,未形成亲密的亲子关系。由于工作非常繁忙,爸爸下班回家,依旧是忙着自己的事情,陪龙龙的时间特别少。每次龙龙想和爸爸玩耍,爸爸却不理他,只是嘱咐让他自己玩玩具,不要打扰工作。龙龙嘴上答应,但是每次都以各种理由接近自己的父亲,黏在爸爸身边,不停地问着各种问题。在家庭教育中,亲密的亲子关系是儿童身心健康发展的重要条件,父母一直扮演着重要的教育角色,两者的教育功能具有互补性。父亲教育角色的缺失,使龙龙产生脆弱的心理,面对困难的时候时,不知道自己应该怎么做。妈妈的“耐心”教导不仅惨白无力,而且无形中加剧了龙龙的逆反心理。

(6) 家园互动较少,没有形成教育合力。一方面,由于忙于工作,龙龙的父母对孩子在幼儿园的表现没能有意识询问;另一方面,幼儿园老师也没有及时向家长反馈,才导致龙龙的逆反心理问题一直没有得到缓解。

三、教育策略

儿童的逆反心理是这一时期儿童心理发展重要特征,这是孩子成长中无法避免的一个阶段。面对龙龙这一系列的心理和行为问题,我从家庭和幼儿园两个方面,采取多种措施和方法:

(1) 当龙龙在幼儿园里表现良好的时候,我会当众进行表扬和奖励,充分表现出对龙龙人格和自尊心的尊重;其次,注意发现他的闪光点,并及时给予鼓励和表扬,力图建立起尊重、接纳的氛围。在此基础上,我还经常有意识地和龙龙接触和谈心,给予他更多的关怀和帮助,逐步消除他与教师的隔膜,增进相互信任和情谊,让他和老师成为朋友。当看到他由于逆反心理而出现的一些非原则性不恰当行为时,尊重他的诉求,对他提出要求"你选择,你负责";当看到他由于逆反心理而出现的一些原则性不恰当行为时,接纳他的情绪进行冷处理;当看到龙龙由于逆反心理而出现一些对同伴的攻击性行为时,先弄清楚事情的起因;当他安静下来之后,再告诉他究竟什么地方做错了,引导他如何与小朋友们相处。总之,对于孩子出现的问题,尽量采用讨论等柔性方式,除非迫不得已,才使用禁令。

(2) 教师作为一种媒介,在幼儿心理代表着权威,大多数儿童都会非常听从老师的话语。首先,老师主动与龙龙的同伴进行交流。主动找到班级里的孩子，与他们再进一步进行交流，让他们明白朋友之间应该好好相处，大家一起帮助龙龙改掉坏毛病。其次，有意识地给龙龙展示和运用其特长的时机，既让他尝到成功后的喜悦，激发起进取心和自信心，又让小伙伴看到他的优点与进步，让幼儿慢慢地接纳他，愿意与他一起玩耍。第三，鼓励龙龙大胆、主动地缓和同伴之间紧张的情绪，学会与人交往、合作的正确方式方法。这样，龙龙慢慢地敞开了心扉，缓解了孤独感，逐渐形成健康的心理和人格，同时由于同伴之间的感应性，也影响着同伴的身心健康。

(3) 联系龙龙的父母，引导家长创设包容性的家庭氛围。当孩子与家长意见不一致时，让孩子理解：有不同的想法也没关系，直接说出来，一起商量解决。当孩子与家长发生比较强烈的“冲突”时，家长也不像以前一样和孩子硬碰硬用强势的态度逼孩子低头，而是采取“软着陆”，以平静的语气进行协商、商量。同时帮助龙龙的父母提高其判断力，对孩子的要求不再无原则满足。面对龙龙的各种需求时，他的父母慢慢学会判断其要求是出自自然的需要还是嗜爱的需要。如果是自然的需求，父母就适当地满足，但当龙龙提出的要求明显是为了满足自己的欲望时，父母要坚定自己的立场，坚决拒绝，不管他是哭还是闹。此外，对其父母的承诺提出建议，让家长一定要言行一致。

在老师影响下，龙龙的爸爸就算工作再忙，每天都抽出一点时间陪龙龙玩耍，询问龙龙今天在幼儿园里发生了什么事，或者分享今天的心情，或者聊聊孩子感兴趣的话题，用支持的态度激发孩子说话的欲望。当然，最主要的就是父母开始学会倾听龙龙的话语。当龙龙说起幼儿园里的事情时，爸爸不再一副不屑一顾的表情，而是耐心、及时地和孩子沟通交流。在老师的影响下，他的妈妈也改变与孩子的沟通方式，开始减少唠叨，以免重复乏味的说教会让孩子产生逆反心理。

（4）尊重儿童的学习方式，培养儿童的好奇心和想象力。学龄前儿童主要通过感官的直接感受，内化为自己的经验。他们有着强烈的好奇心和探究欲，面对问题时总是会问为什么。家长和老师要站在孩子的角度，想想龙龙为什么会将自己的玩具从很高的地方扔下来，他是不是在探索玩具的一些特性。家长不要急于批评孩子“错误”的行为，用温和的语言告诉孩子正确的探索方式。这样做，孩子的好奇心得到了保护，逆反心理也就随之减弱。

（5）建立家园合作的教育方式。老师取得了龙龙家长的理解、支持，他们开始主动和幼儿园沟通交流，了解龙龙在幼儿园的日常行为，配合幼儿园开展教育工作。

四、龙龙的变化

经过老师、龙龙家长以及幼儿园小朋友们三个月的共同努力，龙龙在幼儿园的表现得到了明显的改善。

在幼儿园里，他抢别人玩具的现象越来越少，还积极主动地与其他孩子交流，性格也变得开朗大方起来。很多时候，龙龙与其他小朋友们一起合作游戏，体验共同完成一项任务所带来的快乐；并且，有很大一部分儿童也愿意和龙龙交往、共同玩耍。虽然龙龙有时候因为自己的想法没有得到采纳而生闷气，抱怨其他小朋友，但是动手打人的现象，几乎再也没有发生过。

在家庭中，龙龙开始能够控制自己的情绪，与父母肢体冲突、大哭大闹的现象明显减少。他逐渐像一个男子汉那样温和、有耐心。无法想象，一个原来那么活泼好动的孩子，现在犯了错误以后已经能够在"淘气椅"上安安静静坐五分钟了。这短短的静坐五分钟，对他将来稳重性格的形成，有着积极重要的作用。

逆反心理是孩子年龄发展到一定阶段的产物。处理得当，将对孩子健康人格的形成产生积极的作用；处理不当，久而久之会造成人格缺陷。总之，当发现孩子出现一些异常行为时，无论老师还是家长，都要学会倾听孩子内心的真实想法，站在孩子的角度考虑问题，继而采取科学的教育方法。

案例思考题

1. 幼儿逆反心理有哪些表现？都是由哪些原因造成的？会对幼儿造成哪些不良影响？

2. 针对文中案例，你认为教师对学龄前儿童逆反心理的处理有哪些合理之处？又存在哪些问题？

H 小学“缔造书香校园 开展特色德育”之路的探索

摘　要：书籍伴随着学生的整个成长历程，好读书、读好书的习惯会让他们终身受益，本文首先通过简要介绍最近对“阅读”的思考和心灵受到的触动，引出“缔造书香校园 开展特色德育”的背景；然后从学校学生的阅读现状如何、学生阅读的书从哪里来、如何读好书等几个方面，详细地介绍了 H 小学“缔造书香校园 开展特色德育”的目的、意义以及具体措施；最后，从“宏观”与“微观”层面指出 H 小学“营造书香校园　缔造书香校园”获得成绩以及遇到的问题。

作者简介：徐华（1979～），男，安徽淮北人，安徽省淮北市淮海路小学副高级教师，特级教师，淮北师范大学文学院硕士生导师，主要从事语文教育教学、道德与法治教育教学、学校德育教育等工作。任强（1966～），男，安徽濉溪人，淮北师范大学文学院教授，硕士生导师，主要从事语文教育、中国文学、教师培训工作和研究。

编制说明：按照调研学习及当事人的要求，作者对案例所涉及的学校名称、人员，做了必要的掩饰性处理；本案例仅供教学之用，无意提倡或暗示某种管理理念、方法或体制比其他的理念、方法或体制更为有效或合理。

书籍是人类进步的阶梯，书籍是人类的营养品。“民族精神是一个民族赖以生存和发展的精神支撑。”“面对世界范围各种思想文化的相互激荡，必须把弘扬和培育民族精神作为文化建设极为重要的任务”。随着信息化时代的到来，各民族文化呈现相互融合和渗透的趋势。因此，在信息化时代如何保持我们中华民族的文化传统，已经成为我们必须面对的重大课题。中华民族五千年的文明史积累了丰富的民族优秀传统文化，它是我们民族的魂、民族的根，对中华民族的价值取向、行为准则、心理特征，都有着深刻又广泛的影响。所以我们学校教育很有必要把历史上传承下来的许多文化经典引入到校园中来，引入到课堂中来。

经典，指具有典范性、权威性的著作，是经过历史选择出来的最有价值的书。中华古代经典指那些浓缩了“人文科学”和“自然科学”等多方面智慧结晶的古书。像《大学》《中庸》《论语》《孟子》《庄子》《诗经》《史记》及古代蒙学读物《三字经》《千字文》《弟子规》《笠翁对韵》《幼学琼林》等。古代经典是十分重要的教育资源，经典诵读旨在让学生从小就接触“最有价值的书”“永恒之书”，小学阶段是语言学习和精神成长的关键时期，指导学生开展儿童经典诵读活动对于提高语文教学质量，传承中华文化，铸造民族精神具有重要意义。小学阶段的诵读要不断激发兴趣，反复多念以至于会背诵，不求立即理解。

《全日制义务教育语文课程标准》明确指出：“认识中华文化的丰厚博大，吸收民族文化智慧。关心当代文化生活，尊重多样文化，吸取人类优秀文化的营养。”传承人类文化的最主要载体就是经典作品。从民族精神的传承来看,经典诵读是至关重要的通道,一个民族的精神痕迹都珍藏在它的民族语言里,而经典作品就仿佛一条条珍贵的深深的痕迹,它烙在每一代人的心里,见证了民族灵魂的薪火相传。

从网上看到一组有关"世界各国人民的平均阅读量"的数据:全世界平均每年每人读书最多的民族是犹太人,为 64 本。我国的《全日制义务教育语文课程标准》中规定,九年期间学生课外读书量要达到 400 万字,如果每本书是 10 万字,就是九年读书量为 40 本,平均每人每年读书不足 5 本!

多读书,读好书,好读书,可以塑造孩子的灵魂。今天的学生就是未来共和国的公民,作为教育者必须承担应该承担的责任!由此 H 小学把读书当成校园文化建设的一部重头戏,每年通过生动多样的读书文化活动,缔造书香校园,开展特色德育,展现了一道道亮丽的风景。

一、为什么要开展"缔造书香校园　开展特色德育"活动

朱永新先生的博士生张荣伟曾说:"之所以要'营造书香校园',是因为人类的智能和文明,只有书籍可以保存。书籍是经验教训的结晶,是人类宝贵的精神财富,是采掘不尽的富矿,是走向未来的基石。读书是人类重要的学习方式,精神的提升和传承必须强化阅读。一个人的精神发育史实质上就是一个人的阅读史;一个民族的精神境界,在很大程度上取决于全民族的阅读水平。"这显然是一个高度概括、充满理性的提炼!H 小学开展"缔

造书香校园　开展特色德育”的活动，主要是基于以下四点想法。

（一）阅读可以唤醒师生心中的理想

只关注分数和成绩，使孩子们情感缺失、道德荒漠；使老师们心理变形、人生无趣；使学校竞争无序、发展失衡。只有阅读可以拯救我们！通过读书，读好书，读经典的书，跟历史对话，跟伟人对话，跟崇高的精神和心灵对话，并以此滋养我们的灵性，培育我们的理想！通过读书而成为真正的教育理想主义者：让头高昂——理想在空中猎猎飘扬，让脚沉稳——实践在大地深深扎根！

（二）阅读可以培养我们广博的人文情怀

科学素养是 21 世纪的入门证，人文素养是 21 世纪的通行证。因此，深邃、悠远、广博、无私，对学生、对自然、对社会、对生活、对人类无穷无尽的热爱，才是我们教师应该具备的广博的人文情怀！文明社会的人必将带着对未来生活的美好憧憬走进学校，又必将带着对未来生活的美好追求走出学校，阅读经典，阅读思想，阅读文化，阅读精神，让阅读带我们远离贫乏与庸赖，带我们走进博学与睿智！让我们的学校能够成为促进每一个学生健康成长的美丽的精神家园！

（三）阅读可以启蒙我们的民主意识

现实生活中不读书的人，必然会迷失自己，必将导致民族的迷失、国家的迷失！社会民主的基础是学校民主，没有学校民主，又哪来社会民主呢？能否以民主的眼光“惊看鱼跃，喜随鸟飞”，关系到我们和学生的双重幸福！而优秀经典无疑是“民主意识的启蒙者和引领者”的绝佳

“人选”!

（四）阅读可以改变我们的生命状态

不阅读的人，可怜，更可悲！阅读不仅是跟伟人的对话、跟历史的对话，更重要的是自己跟自己的对话，在这种持续不断的理性的对话中，人的精神势必抛开纯粹物质的存在而发育得空前强大！

二、怎样开展“缔造书香校园　开展特色德育”活动

（一）加强组织领导，健全“缔造书香校园　开展特色德育”的制度

学校成立了以校长为组长、副校长为副组长、大队辅导员为办公室主任、中层领导和年级组长为成员的“书香校园”活动领导小组。把促进师生读书列入学校长期规划和每年工作计划，与学校其他工作同安排、同布置，并制定了《H 小学创建“缔造书香校园　开展特色德育”实施方案》《H 小学创建“缔造书香校园　开展特色德育”实施五年规划》。在读书活动中，校长负责整项活动的决策、协调，并组织成立一个由 3～5 位资深教师共同组成的评价督导组，定期向校长提供针对“营造书香校园”的评价督导报告，为校长的决策提供咨询和建议。图书室管理员要努力恢复图书馆的“学校文化桥头堡”的地位和作用，积极推荐和购买图书，及时写“新书书评”，协调学校各年级的用书情况，全力营造良好的读书氛围等。教学主任主要负责教师阅读书目的制定、教师日常阅读情况统计与汇总、定期举办教师读书沙龙等。政教主任主要负责学生阅读书目的制定、学生阅读情况的统计与汇总、定期举办学生读书沙龙等。财务主任提供资金供应

与保障，并平衡各部门、各年级的资金使用等。此项举措让学校的读书氛围更浓了。

（二）改善学校环境，营造“缔造书香校园　开展特色德育”的氛围

1. 营造浓厚的校园书香氛围

为营造良好的读书氛围，学校充分利用校园内各处的墙壁，让每面墙壁会“说话”：H小学西教学楼外墙的“让读书成为一种习惯”警示语使学生在潜移默化中受到教育；利用教学楼框架结构设计了“二十四孝文化柱”，利用学校后操场围墙设计了由《三字经》《弟子规》《劝学》等组成的励志园文化墙，同时利用宣传栏的“我读书我快乐”专刊对学生进行课外阅读的熏陶，增添了阅览室、国学经典诵读室，在楼梯、走廊布置关于读书的名言以及专题宣传板等。

2. 让图书走出图书室，走进教室

学校图书室每年不断添置部分急需图书，并根据年级学生特点，将图书室中图书搬进教室，搬进班级书橱。同时，继续采取学生自筹与学校配备相结合的形式筹集图书，让所有的教室都成为阅览室，每生拥有图书不少于10本。

3. 创设良好的班级书香氛围

为了让每一个孩子能时刻浸润在书香当中，每个班级想方设法创设浓厚的班级读书氛围。走进学校的每一个教室，墙壁上随处可见老师设计的或者是学生自己书写的关于读书的格言、对联；教室后墙“晒晒我的作品”专栏常有图文并茂的读书手抄报、习作，另外班级还开辟了

“新书推介”“读书真快乐”“我和好书交朋友”“经典诗文赏析”等主题活动。同时，学校还在各个教室布置规范统一的图书角。各班孩子将自己喜爱的书籍带到学校，进行图书漂流，也有的书籍来自于学校的图书室，这样孩子可阅读的图书范围更为广泛。另外 H 小学各班的课程表也清楚地体现着学生读书的时间，每周安排两节课外阅读课。学校这样做主要是想通过课内带动课外，让读书成为习惯，让师生终身受益。

（三）转变教师观念，树立“缔造书香校园　开展特色德育”的意识

教师是学生读书的榜样，是学生读书的领路人。只有爱读书的教师，才能真正培养爱读书的学生。南京师范大学教授金一虹说：“知识是最好的美容师”。H 小学专门制订了教师读书行动计划，为老师每人订阅两份教学刊物。一方面引导教师学习教育专著，每年寒暑假前学校均要选购一批教师必读教育专著，假期中要求摘录 5000～10000 字读书笔记，写好学习体会。另一方面，除阅读专业书籍外，学校还倡导老师们读一点名著和畅销书。学校向教师推荐《谁动了我的奶酪》，引导大家正确对待竞争日益激烈的社会；一起读《致加西亚的信》，感受主人公的勤奋、敬业和忠诚；甚至在政治学习时选读《读者》《意林》等期刊上的精彩文章……营造浓郁的校园文化氛围让老师感受一种神圣、诗意和魅力，让老师们伴随着好书进步、完善、成长、成熟……

为了转变教师的教学观念，学校经常召开教研组会议，让老师通过学习研讨明白：培养学生养成终生阅读的

习惯,教给学生阅读的方法是所有老师分内的责任和教学的使命。让老师明白:课内外阅读的关系是辩证统一的,它们之间并不是孤立存在的,而是相互作用、相互促进、相互提高、相互融合、相互链接的关系。因此我们要重视语文教科书和课外阅读资源的整合。整合什么?首先是阅读内容的整合。也就是做到课堂内外的衔接和拓展。以人民教育出版社的《同步阅读》为例,现行的人教版教材是以"主题单元"方式编排的,可喜的是《同步阅读》一书也是按"主题单元"方式安排课外阅读内容的,《同步阅读》选文都以规范经典为原则,与教科书的难易程度相当,同时,教材中还有不少反映安徽传统文化、名胜古迹、名人轶事、风土人情的美文,便于引导学生在学习教科书的同时,在课外进行自主阅读、个性化阅读。有了内容上的整合,还要做到课内外阅读方法的整合,也就是阅读方法的引导与迁移,这就是平时所说的得法课内,得益课外。在课内教学中,根据年龄段的不同,适时地交给孩子们读书的方法:比如低年级中遇到不认识的字怎么办等;中年级中怎样理解词语意思,怎样归纳文章主要内容?也就是写什么的问题;高年级中如何理解文本的情感等,也就是怎么写、为什么写的问题。学生掌握了一定的读书方法,就可以很轻松地进行课外阅读,并在课外阅读中对课内习得的读书方法进行巩固运用,也就很轻松地做到了语文教科书与同步阅读一体化了。

(四)组织多种活动,使"缔造书香校园　开展特色德育"活动真正"动"起来

1. 开展读书活动的策略

(1)推荐与自选相结合

小学生受自身年龄特点、知识结构和学习能力的影响，独立分析鉴赏能力还比较差，对自己的课外读物很难全面地去考虑选择，因此，我们注意帮助指导学生选择合适的课外读物。当然，阅读必须是一种积极的、主动的行为。《全日制义务教育语文课程标准》中提出：要培养学生广泛的阅读兴趣，鼓励学生自主选择阅读材料。所以我们也不过于强迫学生读规定的书，而是引导他们自由选择，读适合自己的书，因为适合他们的就是最好的。

（2）课内与课外相结合

叶圣陶说过：“语文教材无非是个例子，凭这个例子要使学生能够举一反三。”课外拓展如何有效地拓展？我们的共识是课内激发学生的阅读兴趣，教给阅读的方法，课外阅读相关的书目。如果课内教学某个作家的作品，课外可以拓展阅读作家的其他作品，达到进一步对作家作品的深入认识。也可以是与课内文章的相似的篇目，达到比较与欣赏的目的。还可以是课内文章的其他章节，达到完整阅读一部作品的目的。课内向课外的拓展性阅读，成为引导学生课外阅读的重要的也是十分有效的方式。

（3）布置与检查相结合

落实最有力的方式就是检查，所以有布置就要有检查，否则教师嘴上喊得再响，学生也只会敷衍了事。对于低年级学生我们只是要求他们大声朗读拓展的读物，对于中年级的学生我们就布置一些摘抄作业，比如摘抄比喻句、拟人句、精彩片段、做简单批注等，这样的作业就能督促学生把佳句牢记于心。对于高年级学生我们布置一些出题作业，比如五年级下学期的必读书目是《上下五千年》，教师就可以让学生根据故事情节出几个题目，形式不限。第二天让学生调换着做昨天出的题目。这样的作业就能鞭策学生把同步阅读内容读深入、读透彻。学校还有很多老师的做法也不错，让班内每个同学都准备一本读书本，要求学生每天把自己所读文章的题目记录在本子上，在篇名后面写上几个这篇文章中的关键词，写下一点读后的感受。每星期至少给教师检查一次，检查的方式是说说指定的文章的主要内容和读后想法，根据检查的情况写上相应的评价符号。月末，根据教师的评价符号进行评比，奖励做得好的同学。除了教师检查，也可以同桌相互查或由小组长查。这样让学生将阅读过程中的随感、阅读过程中心灵上的感触随时写下来，不仅加强了学生的阅读思考，还让学生把从课外阅读中得到的知识迁移到小练笔中来，使读在写中不断迁移升华。

H 小学按照“优化国家课程，强化地方课程，注重校本课程”的要求，在保证课程计划要求的开足开齐开好各类课程的前提下，着力落实校本课程，将书香校园的读书课，统一纳入学校校本课程中。每周五下午第一节课后为读书活动课，全校同时进行。读书活动课分为阅读课和阅读活动课，阅读活动课形式多样，有阅读说话课、阅读讲演课、阅读讨论课、阅读摘抄课、阅读编写课等。为了提高阅读兴趣，培养阅读能力，该校尝试“五同”读书方法即：同班同学同读一本书，同班同学同说一个话题，同班同学同讲一个故事，同班同学同谈（写）一个体会，同班同学一个教师引导。学生在老师引导下看完一本书，可以自由地在学生之间交流，讲故事、讲体会、写心得。老师在阅读活动课中去引导全班同学集中讲故事，交流体会，表演故事，编故事等等阅读活动。学生在这种有兴趣的过程中，享受到阅读的快乐，从而达到提高阅读兴趣，培养阅读能力的效果。

为了更好地开展“缔造书香校园　开展特色德育”课题研究，激发学生课外阅读的兴趣，让孩子学习巩固到更多的读书方法，并从中受到更多的美文的熏陶和感染，从而在潜移默化中提高语文素养，学校还开展了形式多样的读书活动。

（4）开展形式多样的读书活动

活动能点燃兴趣的火花，学校应该成为学生的第一个舞台。我们将用“活动激发兴趣”，给学生创造更多的表现机会。

① 举行“营造书香校园”读书活动仪式。为了充分激起全体师生的读书热情，在全校迅速掀起一股读书热潮，H 小学每年召开“缔造书香校园　开展特色德育”读书活动启动仪式，让全体师生进行一次生动的思想教育，激发起师生的读书热情，使全体师生积极地投身到“建设书香校园”读书活动中。

② 开展故事大讲堂与优秀故事展播活动。小故事可以诠释大道理。为了加强学生的思想品德教育，H 小学从 2009 年就开展了故事大讲堂与故事大王评选活动。学校规定，各班利用每天下午上课前的时间，由学生自己查找一些健康有益的故事进行宣讲，这样既锻炼了学生的语言表达能力，又从故事中感悟道理。每名学生讲故

事前须做好准备，从选故事、背故事到讲故事，都是一个自我发展、成熟的过程，更是一个促进大家共同成长的过程。同时从各班“故事大讲堂”中选出优秀的小故事，再通过“红领巾广播站”进行展播，使这些优秀小故事再从班级走向学校。

③ 举行各类读书竞赛活动。针对学生读书情况，在学生中开展讲故事比赛、演讲比赛、读书手抄报比赛、黑板报比赛、读书作文比赛、经典诗文诵读比赛等活动。同时开展“书香班级”“书香少年”的评选活动。为了调动学生课外阅读的积极性，H 小学在学期末举行书香班级和书香少年的评比活动。同时将相关评比结果在学校橱窗中展示，以此引领学生热爱读书，让他们享受成功的喜悦。

④ 开展“书香伴我度假期”亲子诵读读书活动。假期前，H 小学下发告家长通知书，取得家长的支持与配合。各班班主任老师根据本班情况向学生推荐书目，提出读书要求。开学后进行读书评比，以此激发学生读书热情，提升学生读书质量。校园文化渗透到家庭也是 H 小学的目的。H 小学鼓励家长天天能抽出时间和孩子一起读书，大部分家长认识到了读书的重要性，能主动为孩子买书、陪孩子读书。同时开展“书香家庭”评选活动。

⑤ 开展网络阅读活动。H 小学把学校微机室上升为电子阅览室，加大硬件投资，将 H 小学的校园网与城域网连接，构建读书交流平台，网络相连，信息相通，让师生的目光投得更远。扩充电子图书的数量与质量，只要申请一个用户名，就可以轻松地网上进行课外阅读了，为

师生提供阅读保证。

⑥ 招募校园小记者，开展读书写作活动。写作必然伴随着阅读。几年来，H 小学的校园小记者累计达三百多位，在老师的指导下，孩子们积极读书、踊跃投稿。据不完全统计，学生在《淮北日报》《淮北广播电视报》发表习作近几百篇，有的还发表在《作文周刊》《作文大王》《我爱写作文》《读书与作文》等国家级刊物上。随着加入校园小记者以及发表习作的人数越来越多，一种无形的力量推动着校园阅读的气氛越来越浓。通过阅读，学生提高了语文水平，提升了写作能力，获得了自信。

⑦ 开展路队诵读活动。H 小学放学时各班都要整队有序地走出校门，为了充分利用这个时段，体现班级的精神风貌，在不给学生增加学习负担的前提下，感悟经典古诗的魅力，每个班确定一个诵读主题，一月一更新。路队诵读经典已经成为同学们放学后的自觉行为，也成了放学时一道亮丽的风景。

⑧ 开展图书捐赠活动。为了让更多的农村孩子也能读到喜欢的课外书，H 小学还鼓励学生将自己阅读过的书籍捐赠出来，积极参加学校或者班级组织的图书捐赠活动。

⑨ 开展读“生活”之书活动。生活处处皆语文，为了让孩子们能主动阅读生活之书，H 小学经常带孩子走进市相山公园、刘开渠纪念馆、时代公园、文化馆等场所参加活动，了解更多的书本上读不到的知识。

⑩ 举办“红领巾书市”活动。为了激发学生的读书兴趣，提高学生的阅读能力，H 小学每年都要举办以“读

书　明理　修身　成才”为主题的“红领巾书市”大型活动，通过读书论坛、读书检测评比、读书心得展示等一系列活动将读书活动不断引向深入。校园内拉起了“营造书香校园，奠基幸福人生”，“以好书为友，与智慧同行”等横标。H 小学全校 30 多个班级在操场上摆起了一个个书摊，有图书介绍，有广告牌，有吆喝叫卖声……2000 多名师生穿梭往来于“书市”中，有的翻翻看看，有的讨价还价。“小摊主”们煞有介事推销自己的商品，口若悬河让人好不心动，见到老师也毫不扭捏羞涩，摆起点“噱头”推荐他们的好书。通过“红领巾书市”活动，一方面拓宽学生阅读视野，另一方面帮助学生初步建立起市场与市场经济意识，确立“我为人人，人人为我”的市场观念。“红领巾书市”读书节活动的开展，不仅推动了 H 小学读书活动的进一步深入，同时给学生提供了别开生面的实践活动的平台，让“书香溢满校园”，实现校园文化的育人功能。

（五）寻求阅读资源，给“让读书成为一种习惯”活动注入力量

读书活动要真正取得成效，争取家长和社会的支持配合至关重要。所以 H 小学除了积极争取家长的配合，让家长来督促、检查，引导家长开展“亲子共读”外。H 小学还积极和市新华书店、图书馆、市蒲公英公益协会等多家单位联系，积极在学校开展“童阅”经典诵读系列活动，从而拓宽学生的阅读渠道。同时 H 小学还邀请到著名儿童作家秦文君走进校园和孩子分享读书写作的故事。

三、开展“缔造书香校园　开展特色德育”活动成绩初显

近年来，H 小学的“缔造书香校园　开展特色德育”活动在前进中收获。

（1）2013 年学校被授予全国优秀少先大队称号；

（2）2014～2016 年连续三年获得全国优秀校园小记者站称号；

（3）2016 年学校被《意林》《读者》等十多家单位联合授予“全国十佳书香校园”称号；

（4）2015 年被评为区书香校园；

（5）2016 被评为市十佳美丽校园；

（6）2017 年教师胡妍妍被评为区读书学习之星；

（7）2016 年教师乔莉家庭被评为区书香家庭，本人参加市读书演讲比赛获得第二名；

（8）2015 年教师朱彩梅家庭被评为区书香家庭；

（9）2016 年教师徐华被《意林》《读者》等十多家单位联合授予“全国十佳书香教师”称号；

（10）2017 年教师徐华被推荐参加省“百姓学习之星”评选；

（11）徐浩宇、李欣、刘怡君、王一婷等百余名同学先后在全国小公民读书征文（演讲）比赛中获奖；

（12）宫德胜、吴成珺、于一飞、刘昕娴等近五百名同学的习作在国家、省、市级刊物上发表（获奖）。

（13）学校教师写了校本教材《诗诵晨韵》（低、中、高三册）《永远飘扬的红领巾——H 小学少先队活动课例集》以及《永远飘扬的红领巾——H 小学德育教育工作经

验总结》。学校教师徐华还参与编写区教育局统编校本教材《小学生经典诵读读本》(共计六册)。

四、开展“缔造书香校园　开展特色德育”活动遇到的困惑

H 小学感到学校的“缔造书香校园　开展特色德育”活动还只处于起步阶段,在管理和具体操作上有待进一步改进和完善,在科学性、系统性、实效性上还需大力加强,今后的工作任重道远。我们在实施过程中清楚地认识到以下几方面迫切加强:

(1) 要进一步完善保障体系。在硬件建设和经费投入方面应加强系统规划和实施力度。

(2) 要进一步做好“缔造书香校园　开展特色德育”的管理工作,师生读书读后感质量有待进一步提高,不管工作多忙,必须扎实推进,避免流于形式。

(3) 教师的阅读还需要进一步走向教育理论原著和大师经典。

(4) 学生的阅读能力有待进一步指导,读书活动要进一步规范化,要让读书交流活动真正扩展到每一位学生,形成生生互动、班班互动的局面,营造更加浓厚的读书氛围。

(5) 必须进一步加强资料的汇总整理工作,不断总结反思,形成更多、更好的经验和成果。

五、结语

读书,为人生奠基。阅读虽然不能改变人生的长度,但可以改变人生的宽度。阅读不能改变人生的起点,但可以改变人生的终点。H 小学“让读书成为一种习惯”活动为孩子们打开了一扇扇窗，开启了一道道门，让学生在读书中品味书香，在读书中学会启迪，在读书中学会思考，在读书中学会做人。希望通过“缔造书香校园　开展特色德育”建设，全校师生携手耕耘，共同沐浴阳光、雨露和醉人的书香茁壮成长，让这块芳草园成为师生心中理想的心灵港湾，真正让读书活动“读”树一帜、“读”领风骚。

案例思考题

1. 在今后开展活动中如何引进更多的专家到校讲学？

2. 如何把“缔造书香校园　开展特色德育”活动引向深入，做到持久？

别开生面教《论语》
——中学传统文化教育的一个案例

摘　要：传统文化在当代中学语文教育中该如何传承？本文以《论语》为基本载体，以儒家文化的重要主题或话题为经线，以《论语》中相关的表述为纬线，通过分门别类的梳理，尝试建构校本课程开设的专题系列，并以主题教学的形式加以落实。通过积累、整合、还原、转化、激活、拓展等行动策略的运用，引导学生学文言、学文化、学做人，科学发掘传统文化的现代价值。

政策背景：党的十七届六中全会提出，要“建设优秀传统文化传承体系”，并且强调“要全面认识祖国传统文

作者简介：陈超(1970～)，男，安徽淮北人，淮北市第一中学正高级教师，语文特级教师，淮北师范大学文学院硕士研究生导师，主要从事中学语文教学研究。任强(1966～)，男，安徽濉溪人，淮北师范大学文学院教授，硕士研究生导师，主要从事语文教育、中国文学、教师培训工作和研究。

编制说明：按照调研学习及当事人的要求，作者对案例所涉及的学校名称、人员及相关数据，做了必要的掩饰性处理；本案例仅供教学之用，无意提倡或暗示某种管理理念、方法或体制比其他的理念、方法或体制更为有效或合理。

化，取其精华、去其糟粕，古为今用、推陈出新，坚持保护利用、普及弘扬并重，加强对优秀传统文化思想价值的挖掘和阐发，维护民族文化基本元素，使优秀传统文化成为新时代鼓舞人民前进的精神力量。”教育部印发的《完善中华优秀传统文化教育指导纲要》则指出：“高中阶段，以增强学生对中华优秀传统文化的理性认识为重点，引导学生感悟中华优秀传统文化的精神内涵，增强学生对中华优秀传统文化的自信心。”《普通高中语文课程标准》要求，“学习中国古代优秀作品，体会其中蕴涵的中华民族精神，为形成一定的传统文化底蕴奠定基础。学习从历史发展的角度理解古代文学的内容价值，从中汲取民族智慧；用现代观念审视作品，评价其积极意义与历史局限”。

社会文化背景：随着当今中华民族复兴步伐的加快，人们对儒家文化内涵的诠释及其现代价值的发掘日益重视。《论语》作为儒学的奠基之作和儒家思想的集大成著述，尤其受到追捧。对以《论语》为代表的传统文化经典的学习和研究，一时成为风尚。从小学到大学，从学者到百姓，人们通过诵读、讲座、论著等多种形式及报刊、电视、网络等各种平台，演绎经典，传承文化。这其中，于丹、李零、南怀瑾、傅佩荣等专家的报告或著述影响尤其深广，淮北市的小学、初中也大多开设了经典诵读课，这些，为本文研究的开展创造了浓郁的文化氛围，奠定了良好的基础。

校园文化背景：C 老师所在的 H 一中提出“构建以儒家文化为底蕴的特色校园文化”的发展规划，并着手实施以儒家文化为特色的文化体系建设，倡导“雅致教育”，努力创建“书香校园、活力校园、欢乐校园、和谐校园”。这一校园文化建设发展规划的实施，既是本行动研究开展的催化剂，也为本行动研究的落实创造了良好的校园文化生态环境。

一、尴尬的现实

（一）中学文言文教学面临的尴尬

作为传统文化的重要传播载体，中学文言文教学正面临着前所未有的尴尬处境。一方面，随着语文学科在高考科目和学生心目中地位的弱化，也由于文言文本身的阅读障碍、文言文学习的耗时费力以及文言文教学的烦琐机械，学生对文言文的兴趣日趋淡漠；另一方面，“文言无用论”的喧嚣不绝于耳，在一些人看来，文言文已是失去生命力的古董物事，只配封存于博物馆的一隅。相对于炙手可热的英语，文言文的学习可谓“门庭冷落”，高考成了维系大部分学生学习文言文的唯一动力。更有部分专家推波助澜，以减负为由，提出删减文言文篇目，降低文言文难度，淡化文言文教学，文言文似乎成了可有可无的鸡肋或装饰门面的点缀。凡此种种，常让人不免生出“无可奈何花落去”的感慨。文言文，真的就该“寿终正寝”么？传统文化，真的是“后继无人”吗？

（二）中学《论语》教学面临的尴尬

作为一部至为重要的传统文化经典，《论语》在中学语文教学中并没有得到足够重视；同时，《论语》内容构成的非系统性也给教与学带来很大障碍。中学语文教学对《论语》的涉及仅是局部的、零散的，不成系统；学生对《论语》的学习多为静态的单向接受和片段了解，教师的教授方式多以讲述传授为主，在内容的选择及教与学的方式、效果等方面都有明显的局限性。中学阶段对《论语》的教学方式迫切需要富有成效的行动研究与探索。

以《论语》为代表的儒家文化，对中华民族的发展特别是民族性格的塑造、民族精神的形成，产生了深刻而持久的影响。可以说，每个中国人的文化基因里都有《论语》的因子。在民族复兴的时代背景下，到底应该怎样阅读这部文化经典？如何摆脱尴尬、打开传统文化在中学校园的生长与传播空间？

带着这样的问题，H 一中 C 老师和语文组的同事们进行了如下探索。

二、路径的探索

（一）编制教材，实施主题教学

教师先通读《论语》，并参阅《丧家狗》（李零）、《新论语》（钱宁）、《〈论语〉高级读解》（李鎏）等涉及《论语》主题分类的学者著述，以仁、义、礼、智、信、忠、孝、勇、敬、友等儒学基本概念或学习、音乐、君子、为政、教育等重要话题为线索，将《论语》中相关的表述分类梳理整合，形成若干专题，以此作为基本的教学和研究内容，并适度拓展到其他儒学经典。在此基础上，各专题教学的承担者深入思考本专题的意旨，依据教学意图，将原文零散的非系统的表述通过取舍、重组，构建具有内在联系和清晰逻辑的教学及活动的内容体系。

每个专题的教学内容由“经典选读”和“导学案”两部分组成。以《论语・论仁》为例，“经典选读”部分由“仁的价值内涵”“仁的外在表现”“仁的作用”“对待仁的态度”“仁者的典范”等板块组成，每个板块都精选《论语》中若干则相关表述，并依据名家注本提供必要的注释。“导学案”部分则设置如下：

学习目标：

（1）巩固文言文基础，积累关于“仁”的名句。

（2）了解《论语》对“仁”这一核心观念的基本论述，体会它不同层面的意义。

（3）对接现实，思考“仁”的价值观念在当今社会的实践意义。

合作探究：

（1）《论语》中的“仁”有哪些思想内涵，与你心目中“仁”的概念是否一样？

（2）你觉得《论语》中的“仁”最具有代表性的表现是什么？

（3）需要付出哪些努力才能具有“仁”的品质？

质疑思辨：

孔子认为能达到“仁人”境界者极少，却又说：“仁远乎哉？我欲仁，斯仁至矣。”这是否矛盾？

拓展阅读：

阅读《孟子》中关于“仁政”的有关章节，思考孔孟之“仁”的联系和区别。

我思我写：

中国历史上哪些“仁人志士”给你留下深刻印象？以“仁者无敌”为题写一篇随感。

总之，“导学案”的设置既紧扣专题主旨与内容，又力求把新课程目标落到实处，给学生留下自主学习和个性化表达的开阔空间。

在落实“主题教学”的过程中，H 一中 C 老师和语文组的同事们尤为重视给学生留下自主学习和个性表达的开阔空间。通过“问题导学”“合作探究”“质疑思辨”“贯通古今”“知行合一”等策略的实施及诵读、演讲、辩论、演出等语文活动的开展，演绎内涵丰富、立体生动的课堂形态，构建多元对话、多维互动的“活力课堂”。H 一中 C 老师和语文组的同事们还指导学生成立了 H 中学国学社，并以之为行动研究的重要平台。

（二）集腋成裘，夯实文言根基

《论语》作为孔门师生语录的汇编，其语言是先秦接近口语的浅近书面语的典型代表，为我国传统的文言文体的成熟奠定了重要的基础，堪作当下中学生文言文语言习得的源头活水。

为此，H 一中 C 老师和他语文组的同事们引导学生将文言文日常学习与学《论语》相结合，注重常见文言知识的梳理和积累。以文言虚词“之”为例，《论语》中几乎涵盖了文言文中“之”字的一般用法，如：① 代词：“将命者出户，取瑟而歌，使之（他）闻之（它）。”“求也，千室之邑，百乘之家，可使为之（它们的）宰也，不知其仁也。”② 助词：“父母之（的）年，不可不知也。”“天下之（用于主谓结构之间，取消独立性）无道也久矣。”“非夫人之（表示宾语前置）为恸而谁为？”“事其大夫之（表示定语后置）贤者，友其士之仁者。”“迩之（音节助词）事父，远之事君。”③ 动词：“虽之（到，往）夷狄，不可弃也。”类似“之”字的常见、典型、重要的文言词汇在《论语》中不胜枚举，学生在梳理过程中，举一反三，触类旁通，对学习文言文自然大有裨益。

学文言文的过程也是学文化的过程。比如：对“学而时习之不亦说乎”中“习”的含义，通常理解成“复习、温习”，但“学习之后经常复习就感到快乐”的释义与中学生的日常经验相去甚远。有一位同学通过查找资料发现，“习”在甲骨文中写作“”，《说文解字》释作“数飞也”，即幼鸟一次次练习起飞，由此可引申出“实习，演习”的含义。他把“学而时习之”中“习”字理解成“实习、演习”，学了道理、技能（如礼、乐、射、御、书、数）之后再付诸实践，反复演练，体验知行合一的乐趣，这样的解释既有学理依据，又对接学生的生活体验，在一字之学中渗透了文化因子。

（三）追根溯源，强调文化传承

诚如钱穆先生所言：“《论语》自西汉以来，为中国识字人一部人人必读书。”对《论语》的解读，历朝历代，见仁见智。而在封建时代，《论语》被奉为至高无上的“金科玉律”后，作为“文化元典”的本义常常被扭曲变形。为此，我们试图引导学生，抛开一切成见或偏见，回到“元典”本身，通过反复诵读、慎思明辨，最大限度地接近经典本相，聆听两千五百年前先哲的真实心音。

以“忠孝”为例，即便在今天，还有人视之为封建思想余孽，提及忠孝，马上联想到“愚忠愚孝”，以为与现代文明格格不合。学生们通过探究发现，“忠”本义不过是“真心实意，尽心竭力”，《说文解字》释为：“忠，敬也，尽心曰忠。"理学家朱熹亦释作"尽己之谓忠"。《论语》里的"忠",本是指真心交友、尽心做事的为人处世之道,如:"为人谋而不忠乎""忠焉能无诲乎""居处恭,执事敬,与人忠";然后才把伦理原则的"忠"迁移于政治范畴,如"君使臣以礼,臣事君以忠"。只是秦汉以后,由于历代帝王的提倡,"忠君"才成了"忠"字的主导性含义。那种时至今日,仍把《论语》里的"忠"简单等同于"忠君"乃至"愚忠"的认知,显然是狭隘而浅陋的。又如"孝"字,《论语》中固然有"三年无改于父之道,可谓孝矣""夫三年之丧,天下之通丧也"之类带有时代局限性的观点,但弘扬更多的却是充满人文关怀、洋溢着人情味的孝心孝道,诸如:"父母唯其疾之忧""今之孝者,是谓能养。至于犬马,皆能有养。不敬,何以别乎?""父母之年,不可不知也。一则以喜,一则以惧",只言片语中渗透着对父母从身体到心理细致入微的体贴,即使今天读来,依然让人怦然心动。

(四)古为今用,丰盈人文素养

学习传统文化的根本目的在于吸收转化。H一中C老师和语文组的同事们引导学生以发展的眼光和开放的心态审视传统文化,寻找经典与现实的结合点,探究其中蕴含的民族心理和人文精神,理性认识并科学发掘其中当今社会可资借鉴的文化和思想资源。

以"《论语》论学"专题为例。关于"学习目的",孔子说过:"古之学者为己,今之学者为人。"孙钦善先生译为:"古代学者的学习目的是为了修养和充实自身,当今学者的学习目的是为了向别人炫耀。"(《论语本解》)我们请同学实话实说：自己的学习目的是什么？针对学生“学习是为了考个好大学、找个好工作”之类不约而同的“标准答案”，教师引述另外一位儒学大师荀子的话“君子之学，以美其身”并加以解说：在孔子看来，学习首先是为了丰富自己，充实自己，完善自己。进而点拨学生，要像孔子那样，把学习当成一种需要而不是负担，不被功利的目的捆住手脚，才会学得更轻松，更有效；要像孔子的学生子夏说的那样：“日知其所亡，月无忘其所能，可谓好学也已矣。”每天都学到新知，每月都在进步，享受学习的过程，享受成长的快乐。

关于“学习态度”，孔子提出“知之者不如好之者，好之者不如乐之者”的观点，揭示了对待学习的三种态度，或者说是三种境界：知之，好之，乐之。我们借此启发学生：你现在处在哪种境界中？请推荐你们认为达到“好之”乃至“乐之”境界的本班同学来谈谈他们的学习感受，你从中得到怎样的启示？教师进一步引导学生：孔子本人就是好学且“乐之”的典范，好学到了“发愤忘食，乐以忘忧，不知老之将至”的忘我（忘记吃饭、忘记忧愁、忘记年龄）境界，堪作千古求学者的楷模。

北宋的程颐说：“读《论语》，未读时是此等人，读了后又只是此等人，便是不曾读。”对于优秀传统经典的转化，“不但坐而言，要在起而行”（章太炎），古为今用，以“拿来主义”的眼光和原则汲取并内化，丰盈人文素养，倡导知行合一，这样的转化才既合“天理”，又近人情。

（五）质疑思辨，突出思维训练

教学过程中，我们试图将语义诠释与文化品味、情感体验与思维训练融为一体，构建葆有思想含量和思维活性的“生命课堂、智慧课堂、灵动课堂”。这样的思路与课标中“养成对语言、文学以及文化现象独立思考、质疑探究的习惯，发展思维品质，增强思维的深刻性和批判性”的课程目标不谋而合。“工欲善其事，必先利其器”，《论语》中提出的“学思结合”“启愤发悱”“切磋琢磨”“扣其两端”“各言其志”等教学思想或方法，恰恰为学习《论语》、激活思维提供了行之有效的“利器”。

比如，学习“孔门弟子”专题时，在学生深入了解“孔门弟子”的生平和思想后，我们提出“假如生活在春秋末年，你更愿意做孔子的哪位弟子？”这一假想式论题，让学生各抒己见，学生们瞬间“穿越”，溯回到那个大动荡、大变革的时代：有人愿做好学深思、安贫乐道的“乖孩子”颜回，敬重其“箪食瓢饮”“不迁怒，不贰过”的淡泊修为；有人愿做勇武过人、闻道则行的“硬汉”子路，喜欢他喜怒皆形于色、当仁不让于师的豪爽个性；有人愿做利口雄辞、功业有成的“实干家”子贡，羡慕他智慧明达、纵横捭阖的卓绝才干；有人愿做个性独立、思想解放的“另类”宰予，赞赏他不迷信、不盲从、有主见、敢质疑的独特气质……在“百家争鸣”般的热烈讨论中，真切的角色体验与深刻的角色认知水乳交融，历史的体认与现实的观照相互渗透，学生的思想与思维绽放出美丽的智慧火花。

孔子在封建时代被誉为“千古一圣”，但“圣人”也是人，也不可避免地有其历史局限性和人性弱点。这恰为学生的质疑思辨提供了契机和空间。H 一中 C 老师和他语文组的同事们常常引导学生抓住《论语》中思想的裂隙或矛盾，以辩证、批判的思维理性审视，在切磋、碰撞和交流中，加深领悟，提升认识，淬炼并优化思维品质。

如学习“樊迟请学稼”一章时，H一中C老师和语文组的同事们设计了这样的问题：樊迟要学种庄稼种菜，孔子强烈反对。在“学什么”的问题上师生之间产生了明显的分歧，你站在哪一边？

以下是H一中国学社部分同学围绕这个问题研讨的实录片段：

吴越：我站在樊迟这一边。孔子自己说过：“知之者不如好之者，好之者不如乐之者。”所以，一个人学什么，应该从自己的兴趣出发。我们知道孔子是主张因材施教的，樊迟既然喜欢种庄稼种菜，孔子就应该帮助学生发掘潜力，发挥特长，而不是轻易否定。

李钰：我站在孔子这一边。作为伟大的教育家，孔子期待自己的学生能够有志向，有出息，就像子路、曾皙、冉有几位弟子那样，这有什么错？樊迟却一门心思要学种庄稼种菜，孔子给他点颜色让他清醒清醒，这不很正常吗？

黄汉：我不同意李钰的说法。经济基础决定上层建筑，没有人种粮种菜，孔子主张的“仁义礼信”能当饭吃吗？你知道在书生们学“仁义礼信”时背后有多少菜农在默默无闻地支撑着吗？孔子不应该轻视农业劳动，更不应该反对自己的弟子从事农业劳动。我觉得这件事体现了孔子的等级观念。

吴岁寒：我认为樊迟不应该拿这样的问题去问孔子。刚才咱们已经了解到，孔子主要教学生“诗、书、礼、乐”

“文、行、忠、信”，着眼于“道”而不是“技”。樊迟非要拿技术问题问孔子，就好比拿一个化学实验的操作技术问题去问政治老师，当然是不妥当的。

刘梦瑶：在这个故事中，孔子反复强调“上好礼”“上好信”，可见他要培养的是统治阶级所需要的治国理政的人才，而不是某一方面的专门技术人才。“樊迟请学稼”的行为显然与孔子培养人才的目标是格格不入的，他遭到冷遇是在情理之中的。

（六）融会贯通，打开文化视野

儒家文化博大精深，每个主题都是一个动态生长的有机系统。H 一中 C 老师和语文组的同事们以《论语》为主题教学的基本载体，同时又拓展开来，以更开阔的文化视野观照儒家文化重要主题的演变发展及丰富内涵，力图让学生知晓源流，懂得参照融合。

以“勇”这一主题为例。在《论语》中，孔子把“勇”看作是君子所具备的品质，并且认为只有与“仁”相联系、与礼义相结合时，“勇”才是值得赞赏的美德。正所谓“仁者必有勇，勇者不必有仁”“勇而无礼则乱”“君子有勇而无义则乱”。孟子、荀子又丰富了孔子的思想，孟子崇尚“自反而不缩，虽褐宽博，吾不惴焉。自反而缩，虽千万人吾往矣”（《孟子・公孙丑上》）的浩然正气，荀子倡导“义之所在，不倾于权，不顾其利，举国而与之不为改视，重死持义而不桡”（《荀子・荣辱》）的大义大勇。后世的苏东坡在《留侯论》中也大发感慨：“古之所谓豪杰之士，必有过人之节。人情有所不能忍者，匹夫见辱，拔剑而起，挺身而斗，此不足为勇也。天下有大勇者，卒然临之而不惊，无故加之而不怒。此其所挟持者甚大，而其志甚远也。”

教学中，H一中C老师和语文组的同事们以《论语》中关于“勇”的论述作为基本依据，同时融合孟子、荀子、苏轼等人的相关见解，连点成线，展线为面，使学生在较为广阔的思想和文化背景下把握这一主题，力争做到认识全面，融会贯通。

三、成效与遗憾

（一）成效

为期三年的以《论语》为基本载体的儒家文化主题式教学，是基于校本课程的开设和语文课程资源开发的尝试性探索与实验。主要成效有以下内容

1. 以开放互动、扎实细致的国学课堂为平台，传承文化经典

国学课堂每次活动都提前设定研讨主题，确保研讨活动主题聚焦，定向突破。每次研讨课的参加者通过上课、观摩、研讨、撰写听课随笔，及时把课题成果转化为教育教学行动，解决了教学实践中的共性问题，提高了科研的实效性。学生在一系列形式鲜活的主题教学活动中，系统了解了“仁、义、礼、智、信、忠、孝、智、勇、友”等儒家思想的深刻内涵，增强了对祖国传统文化的认同感和亲近感，在潜移默化中实现了传统文化经典的有效传承。

2. 组织开展丰富多彩的国学系列活动，促进特色校园文化建设

活动过程中，学生诵读《论语》，品味《论语》，围绕《论语》写作、演讲、辩论，开展成语大赛、知识竞赛等活动，耳濡目染，沉浸在浓郁的国学熏染的氛围中，营造了良好的

弘扬中华传统文化的气氛，不仅有力地促进了H一中以儒家文化为底蕴、以“书香校园、活力校园、欢乐校园、和谐校园”为追求的特色校园文化建设，效果还辐射到家庭、社区。

3. 倡导知行合一，注重质疑思辨

引导学生以发展的眼光和开放的心态审视传统文化，寻找经典与现实的结合点，探究其中蕴含的民族心理和人文精神，理性认识并科学发掘其中当今社会可资借鉴的文化和思想资源，古为今用，切身践行，以“拿来主义”的眼光和原则汲取并内化，丰富人文素养，倡导知行合一，收到良好效果。

4. 开发课程资源，形成翔实的资料库，便于成果推广

本活动形成的课程资源包括校本教材、教学案例、讲座文稿、学生活动音像资料、学生征文集、成语大赛题库、知识竞赛题库等等。内容丰富，资料翔实，具有一定的学术水准和社会效益，成果便于推广。

（二）遗憾

在功利主义纷纷扰扰、应试教育大行其道的社会背景下，弘扬传统文化注定是一场艰辛的苦行，在高中阶段尤其如此。活动开展过程中，H一中C老师和语文组的同事们也遇到一系列问题：

其一，学生传统文化基础比较薄弱，对传统文化知之甚少，对传统文化存在误读误解，部分学生甚至把传统文化视为愚昧落后的封建糟粕。

其二，相当一部分学生对古代文化经典的阅读兴趣不浓，动力不足，对语言文字障碍心存畏惧，不愿在经典

阅读上多花时间。

其三，部分学生缺少文化自信，对西方文明推崇备至，对传统文化心存疑虑甚至有排斥心理，二者发生冲突时往往简单地认为西方先进而我们落后。

其四，在强大的高考压力下，学生学习传统文化没有充裕的时间和宽松的心境；学校迫于升学压力，对文化传承工作的重视程度和支持力度都有待提升。

四、结语

习近平总书记指出，应该把经典嵌在学生脑子里，成为中华民族文化的基因。的确，传统文化是我们民族的"根"和"魂"，文化的传承就是"把根留住"，就是呼唤"魂兮归来"。对于语文老师来说，尤其要有文化传承的自觉担当，是使命，是责任，我们不做，谁来做？当然，文化传承还要接地气，接地气才有生机，古代文化经典的传承只有与当代生活和学生实际相结合，才有生命力。从某种程度上说，传统与现实的内在结合点，就是传统文化在当今社会的增长点。古今中外有机融合，才能发掘出传统文化的现代价值，打开传统文化的生长与传播空间。文化传承之路，任重而道远，《论语》主题式教学与实践活动，只是中学传统文化教育的一种尝试性探索。在漫长而沉重的守望中，H 一中 C 老师和语文组的同事们愿与志同者一道探索文化传承的路与法，体味求索过程中的痛与乐。

案例思考题

1. 如何更深入多元地开发《论语》中的语文元素，形成更多更好的课程资源？

2. 如何进一步将《论语》教学研究辐射到国学这个大的中国传统文化的范畴，增厚师生及学校的文化底蕴，促进校园文化建设？

3. 如何处理好研与考的关系，切实有效地将《论语》的教学渗透到考试评价体系中？

4. 在商业化、功利化的社会背景下，如何激发广大师生学习传统文化的热情，做好文化传承事业？

淮北SY学校数学实验教学之路

摘　要:数学实验教学是目前国际社会比较认同的一种新的教学形式,它为学生提供了体验和实践的机会,也顺应了核心素养的要求。在教学中适度有效地实施数学实验教学,不仅有助于学生掌握必要的数学知识,还有助于提高学生的数学素质、科学素养。淮北SY学校积极探索实验教学法,参照教育行业标准相关要求开设数学实验室,配备必要的实验工具、数据模型、数据处理软件、图书挂图、辅助工具、自制学具等,让学生体会到数学实验的益处。通过实验发现,开展数学实验教学的班级较不开设的班级,学生的实践能力、创新能力及数学思维的发展等方面都具有明显的优势。

作者简介:梅松竹(1978～),男,安徽合肥人,淮北师范大学教育学院副教授,硕士生导师,研究方向为教育测量与评价。刘红昌(1984～),女,安徽淮北人,淮北实验学校专任教师,研究方向为中学数学教育。

编制说明:作者对案例涉及的学校名称、人员做了必要的掩饰性处理;本案例仅供教学讨论之用,无意提倡或暗示某种教学理念和方法比其他教学理念和方法更为有效或合理。

《全日制义务教育数学课程标准(2011 版)》(以下简称“新课标”)指出:“为了帮助学生真正理解数学知识,教师应注重数学知识与学生生活经验的联系、与学生学科知识的联系,组织学生开展实验、操作、尝试等活动,引导学生进行观察、分析,抽象概括,运用知识进行判断”,以及“积极开发和有效利用各种课程资源,合理地应用现代信息技术,注意信息技术与课程内容的整合,能有效地改变教学方式,提高课堂教学的效益。教学中要尽可能地使用计算器、计算机以及有关软件,另外广大教师应努力自制教具以弥补教学设施的不足”。因此,在数学课堂中增加实验课就显得至关重要。淮北 SY 学校是一所新建的初级中学。建校之初,数学名师出身的校长就有一个远大的设想,即让学生感受教育的“真”和数学的“美”,让学生在快乐的体验中习得知识,掌握本领。因此,在数学组全体同仁的建议下,对传统数学课堂进行大胆的改革,将数学实验教学引入课堂,教师带领学生探究、合作、猜想、论证。此举受到广大师生的欢迎,自此,数学课堂气氛活跃了,学习效果更显著了。

一、初中数学实验课的功能与价值

(一)数学实验促进学生知情和谐增长

数学实验是一种能够营造学生知情和谐发展环境的教学方式。数学实验以实物材料为载体,集多种感觉器官为一体,其显著效能是能够激发学生的学习兴趣,调动内在动机,由此引发智力参与,同时,获得实验成功之后的成就感又能使兴趣得以持续,产生的是一种学习上的“动车效应”。数学实验的本意是让学生介入知识的生成情境，经历知识由不确定性到确定性的渐进过程，这样的探究充斥着猜想与证伪、成功和失败。学生只有意识到“证实”源于“证伪”，两者在知识的创生上是相辅相成的关系，才能形成完整的认知信念。

（二）数学实验培养学生思维全面发展

促进学生的思维全面发展，这是数学教育的基本任务之一。促进学生数学思维的全面发展，这是发展学生数学思维的关键。长期以来，偏重逻辑思维训练成为数学教育的主要内容，新课标更是明确指出，要培养学生的合情推理能力，但是在课程的具体实施过程中这一目标却被边缘化，广大教师坚守的依然是逻辑思维训练的固有阵地。把数学实验穿插在教学中，把发现结论和证实结论有机地结合起来，这不仅可以培养学生的双向思维（证实与证伪），而且可以训练学生的逻辑思维和非逻辑思维，这就是全面发展学生数学思维的含义。

（三）数学实验积累学生数学活动经验

“新课标”在“双基”的基础上提出了“四基”：基础知识、基本技能、基本思想和基本活动经验，这里的数学基本活动经验就是指学习者在参与数学活动的过程中所形成的感性知识、情绪体验和应用意识。数学活动经验是过程、经历，主体性、动态性、活动性是其主要特征，主要在“做”数学的过程中获得，在“数学化”的过程中获得。因此，数学实验是学生积累数学基本活动经验的一种重要途径。

（四）数学实验深度挖掘课程资源

数学实验材料本身属于内隐性课程资源，开发这些资源需要教师对知识的产生、知识之间的联系、知识中包含的数学思想方法等有深入的理解，对其进行教学法层面的再加工，形成实验设计。总之，数学实验为数学课程资源的开发提供了丰富的资源。

（五）数学实验回归数学教学完整过程

教学过程可表述为三个阶段：知识是怎么来的、知识是什么、知识是怎么去的。在这个完整的教学链中，数学实验扮演了重要的角色，它的亮相主要是在第一阶段和第三阶段。数学实验教学摒弃了只重视教学第二阶段的传统做法，将教学的第一阶段和第三阶段纳入教学范畴，使教学过程完整化。

（六）数学实验提升数学教师专业发展

首先，数学实验可以发展教师的理论性知识。开发数学实验材料，需要教师对数学知识有深刻理解，对知识的来龙去脉有清晰的把握，通过亲身参与数学实验的教学实践，会促使教师自觉地拓宽知识面，深度挖掘知识的本源性问题，形成钻研问题的意识，从而发展自己的理论性知识。

其次，数学实验可以发展教师的实践性知识。教师参与数学实验，能够使他们正确认识数学实验的价值，把知识的发生、发展过程完整地体现出来，保证学生以参与者身份介入学习，还原教学过程的完整结构，在这些体验中，教师就会不断完善自己的教学认知信念。

二、淮北 SY 学校开设数学实验课的规划、举措与成效

正如著名数学家弗赖登塔尔所说：要实现真正的数

学教育，必须从根本上以不同的方式组织教学，否则是不可能的。在传统的课堂里，再创造方法不可能得到自由的发展。他要求有个实验室，学生可以在那儿个别活动或是小组活动。建设初中数学实验室，为学生“做”数学提供场所，为初中数学教学提供相应的支持与保障，为提升学生的数学素养提供条件十分必要。为此 SY 校专门开设数学实验室，该实验室建设参照中华人民共和国教育行业标准“中小学实验室装备规范”的相关要求，配备了必要的实验工具，例如直观模型系列：实物教具、模型、测量工具等；数据模型系列：计算机、平板电脑、图形计算器及采集器、传感器等；数据处理系列：帮助学生进行数据处理的教学软件、虚拟软件、拓展软件等；图书挂图系列：激发学生数学学习兴趣，提升数学素养的图书、挂图及杂志；辅助工具系列：钉板、卡纸、磁板、剪刀、胶水、订书器、小木棒等；自制学具系列：各种自制的数学教具与学具。另外学校还致力于让学生深切体会到数学实验的必要性，在学分考核中增加了数学实验的分数，并且让数学实验室和其他教室一样富有浓厚的文化氛围，使学生置身其中时能自发地形成一股浓郁的学习风气，勇于探索、创新，发现真理。通过一个年级的实验，我们发现，开展数学实验教学的年级明显比不开设的年级学生的实践能力、创新能力以及数学思维的发展等方面都有很大的优势。

三、初中数学实验课案例

苏霍姆林斯基说过：在人的心灵深处，都有一种根深蒂固的需要，这就是希望自己是一个发现者、研究者、探索者。而在中学生的精神世界中，这种需要则更加强烈。《问题出在哪里》这节实验课恰好满足了青少年的这些需求。

（一）教材分析

本节课是沪科版数学九年级上册第23章解直角三角形课后的“数学活动”。本“数学活动”内容是数学中一个有名的“悖论”。通过拼图问题，直观上出现的所谓的缪论“64＝65”，引导学生综合运用代数、几何等知识对问题的现象和成因进行探索、研究，这节课具有很强的趣味性、实践性、综合性，体现了课程标准对发展学生应用意识和创新能力的要求。

（二）学情分析

九年级学生已经掌握了代数中方程、函数，几何中平行四边形、相似三角形等相关知识，具备一定的直观演示、动手操作和推理探究能力，为本节课的学习奠定了一定的基础。

（三）教学目标

依据对教材的分析和学情的了解，结合课程标准综合与实践的要求，制定了如下的教学目标。

（1）经历拼图实验、几何画板动态演示、计算实验、模型实验等实验过程，提高学生发现问题、提出问题，分析问题和解决问题的能力。

（2）在参与观察、实验、猜想、证明、综合实践等数学活动中，培养学生的实践意识，发展合情推理和演绎推理能力。

（3）在教学过程中始终关注学生的情感、合作、个性、思维等方面，提高学生主动参与、协作精神、创新能力和批判性思维。

（四）教学重难点

根据教学目标的制定，本节课的教学重点和难点是：

重点：问题出在哪里的探究过程。

难点：综合运用代数、几何等知识说明问题出在哪里。

（五）教法学法分析

为了突出重点，突破难点，本节课采用了实验教学法。运用一系列层层递进的实验，让学生亲历问题的发现和提出，用数学实验的方法对问题进行分析和探究，最终达到解决问题的目的，以“做”为支架的教与学，再一次让学生明白在数学学习中实验的重要性。

（六）实验内容

基于以上的分析，本节课共有四个实验。

实验 1：用一张较小的含 8×8 个小方格的正方形纸片，按要求剪成四部分，见图 1。进行拼图，见图 2。

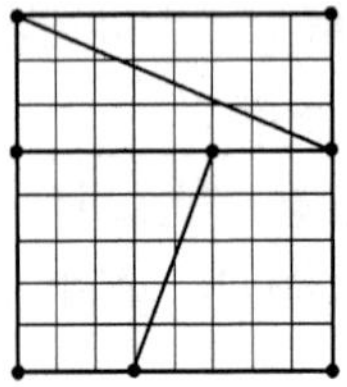

图 1

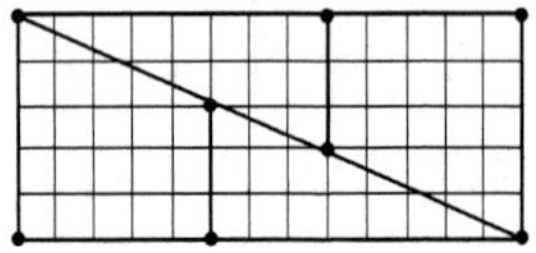

图 2

实验 2：用放大优化后的实验模具再次进行拼图，见图 3。

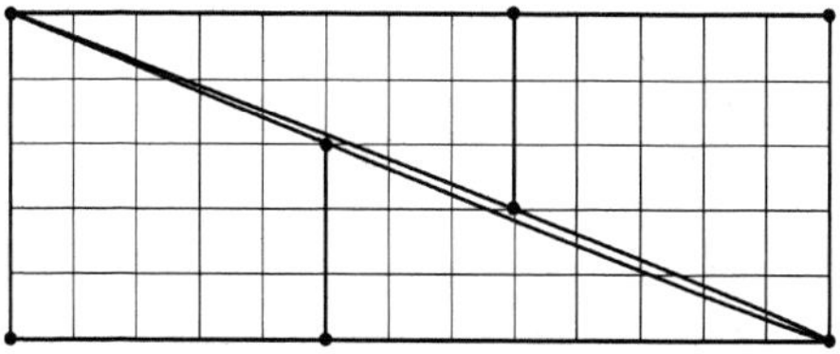

图 3

实验 3：使用几何画板软件，进行动态演示。

实验 4：理论实验，用逻辑证明的方法说明问题出在哪里。

（七）教学过程

1. 创设情境，发现问题

实验 1：创设情境，学生自主发现问题，请看视频演示（由学生自主进行实验，并发现问题）。

视频内容：如图 4，一张含 8×8 个小方格的正方形纸片，可以被剪成四部分，用这四个部分好像可以拼成一个 13×5 的矩形，如图 5。

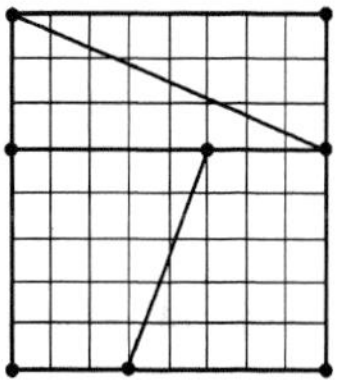

图 4

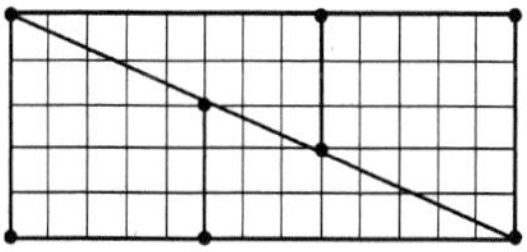

图 5

看图形，凭直觉好像有 $64=8\times8=13\times5=65$，这个结论显然是不对的，那么问题到底出在哪里呢？

在试验中，学生发现了 $64=65$ 这个错误的结论！那么问题到底出在哪里呢？在可行性的基础上设置具有一定难度的教学情境，可以让学生处于一种“似曾相识，但又暂时无从下手”的情景中，此时，学生会产生自主探究的欲望，他们会提出多种疑问。如实验模具太小，发现不了问题出在哪里，实验模具的制作可能存在误差等等，选取大多数学生提出的这两个疑问，引导学生寻找解决办法。

2. 实验活动，动手操作

针对疑问，动手能力强的学生会想到将实验模具放大，再次进行拼图实验，针对疑问，熟练掌握计算机相关知识的学生会想到用几何画板软件进行动态实验演示。于是就有了实验 2 和实验 3。

实验 2：两个学生一组，使用手中放大优化后的模具再次拼图，学生发现拼不成一个完整的矩形，而是一个中间有“缝”的矩形。

实验 3. 使用几何画板软件，动态演示“缝”由看不见到看得见的过程。通过实验 3，学生恍然大悟，问题出在我们错误地把 A、B、C、D 四点看成在同一条直线上了，那么要说明问题出在哪里，只需证明 A、B、C 三点不在同一条直线上即可。

在这个环节，体现了手脑协同、启思明理的教学主张。而且让学生知道数学实验不能仅仅停留在操作的层面，更要逼出学生思维最近发展区的上限。

3. 提出猜想，讨论交流

通过实验 2、实验 3 的操作，学生会产生一定的猜想，并通过讨论交流，形成最终的猜想，这时的猜想不是凭主观臆断的随意乱猜，而是合乎情理、接近事实的猜想。猜想：一张含8×8个小方格的正方形纸片，按照这种剪裁方式，拼不成一个完整的矩形，而是一个中间有面积为1的空心平行四边形。

学生在讨论交流中，不仅表达了自己的观点和意见，还在交流中学会尊重、学会倾听，能够在尊重他人中得到他人的尊重，在集思广益中获取更多的知识。

通过试验2、实验3的操作，学生会产生一定的猜想，然后讨论交流彼此的猜想，从而形成正确的猜想。通过本环节培养学生的合情推理能力及语言表达能力，使其语言表达更具有条理性、逻辑性。

4. 验证猜想，得出结论

通过"你的猜想一定正确吗?"这一疑问，引导启发学生进行理论实验，逻辑证明。将学生分成四人一组，交流讨论，能够彼此分享信息差，尽可能多地找到解决问题的方法。之后以小组为代表用投影仪展示并讲解本组的证明方法，学生找到一次函数法、三角函数法和相似三角形法等方法证明问题出在哪里，这个环节有利于学生发散思维及建模思想的核心素养的培养。

至此，学生用多种方法说明了问题出在哪里，体现了"做"数学，让学生享受完整的数学学习的基本理念。由于时间问题，学生可能会意犹未尽，此时提出：一张含8×8个小方格的正方形纸片，用什么方法剪裁，可以拼成一个完整的矩形这个问题，给学有余力的学生提供实验的素材，并在下一次的数学实验课中揭示答案。

（八）评价反思

著名数学教育家波利亚说过：数学有两个侧面，一方面它是一门系统的演绎科学，但另一方面，创造过程中的数学，更像是一门实验性的归纳科学。本节课，每个实验都是学生动手完成，变“听数学”为“做数学”，极大地调动了学生的主体参与性，增强了教学直观性。四个实验之间环环相扣，循序渐进地引导启发学生发现问题、提出问题、分析问题、解决问题。既培养了学生的实践意识，又发展了学生合情推理和演绎推理的能力。同时，克服了常态数学教学重视理性思维，而轻视实践操作的弊端。

四、初中数学实验课的反思

由于中考中不考数学实验，因此很多教师、家长、学生对数学实验不够重视，在做数学实验的过程中流于形式，达不到应有的效果。另外部分老师不能轻松驾驭实验平台，浪费宝贵的课堂时间，教学效率低，而学生对数学软件的实际操作仍然很难独立完成，这导致数学实验存在一定的局限性。

五、数学实验课的研究趋势

从已有的文献来看，数学实验的研究大体上经历了由国外到国内，由大学到中学的发展历程。虽然初中数学实验起步较晚，发展还不成熟，但发展前景广阔，未来可供研究的方面很多。例如：

(1) 数学实验的理论研究。在教育学、心理学等教育理论得指导下，结合初中生的心理发展特点，探讨数学实验的理论依据以及初中数学实验的特点。

(2) 数学实验的课程设计与开发研究。当前适合学生开展数学实验的案例还比较少，并且缺乏系统研究，需要进一步开发现有教材中隐含的数学实验素材，开发数学实验方案，开发辅助学生学习活动使用的数学实验工具（包括实验工具和现代信息技术的工具），建设供学生开展数学实验的环境（包括数学实验室），以供广大一线教师和学生参考和使用。

（3）数学实验的教育成效研究。通过对比实验，验证数学实验教学的教育成效。如：数学实验相比于传统教学的优势所在；数学实验对学生的数学理解、数学发现、数学推理、情感态度等方面所产生的影响；数学实验对学生的逻辑思维能力提升、数学思想方法得获得、数学活动经验的积累以及数学核心素养的发展所产生的影响等。

六、结语

数学实验作为传统数学课堂的有益补充，在未来可预见的范围内将会越来越受到重视。淮北 SY 学校在此领域进行了大胆的尝试，成果显著。虽然困难重重亦备受争议，但是教育的宗旨总是为了学生的发展。基于此，数学实验的明天会更好！

案例思考题

1. 淮北 SY 学校是在怎样的背景下开设实验教学法的？

2. 淮北 SY 学校为成功实施实验教学法，制定了何种举措方案？

3. 淮北 SY 学校实施实验教学法的案例步骤？

4. 淮北 SY 学校的实验教学法的实施方案是否完善，是否仍存在未解决的问题？

构建专业发展平台　助推青年教师成长

摘　要:随着基础课程改革的全面推进,教师专业发展已经成为学校教育教学改革和教师队伍建设的中心任务。安徽省淮北市LY小学基于教师队伍结构的现状,积极探索在职教师继续教育与校本培训,实施领导听课并深入教研活动,组织教师认真贯彻教研组计划,制定教师校本教研制度,实行互帮互助,整合信息技术与学科教学,课后进行研究反思,严格实施奖惩制度,取得了丰硕成果。在教师专业发展中积极组织教师专业培训,以老带新锤炼青年教师专业技能,磨课互动为教师提供交流平台,积极探索校本教研,造就了一支教育理念先进、业务能力精湛、专业素养高、综合能力强、富有创新意识的教师队伍。

作者简介:梅松竹(1978～),男,安徽合肥人,淮北师范大学教育学院副教授,硕士生导师,研究方向为教育测量与评价。韩东(1983～),男,安徽淮北人,淮北市黎苑小学特级教师,研究方向为小学数学教育。

编制说明:作者对案例涉及的学校名称、人员做了必要的掩饰性处理;本案例仅供教学讨论之用,无意提倡或暗示某种管理理念、方法或体制比其他管理理念、方法或体制更为有效或合理。

我国教师队伍庞大，承担着世界上最大规模的中小学教育任务。教师的素质与能力关系到学生的成长和学校的发展。长期以来，我国广大小学数学教师囿于职业类型、工作环境、评价考核等因素，教育观念陈旧、创新意识和研究能力不足、教育教学方法落后，且缺少专业能力培训机会，也无暇深入学习、钻研研究性教育教学活动，这业已成为小学教育质量提高和学生发展的主要障碍。

为了贯彻落实《教育部关于深化中小学教师培训模式改革　全面提升培训质量的指导意见》和《安徽省人民政府关于加强教师队伍建设的意见》(皖政〔2013〕67号)，建立以师范院校为主体、教师培训机构为支撑、现代远程教育为支持、立足校本的教师培训体系，安徽省教育厅下发了关于中小学教师培训改革试点的通知，要求改进教师培训方式和路径，强化实践培训，推进教师培训内涵式发展和学校内部教师教育资源整合，加强高校、中小学和培训机构的合作。淮北市LY小学是市级重点小学，数学教师有近20人，年龄与职称跨度较大，各层次的教师专业发展阻力不尽相同。如何利用资源优势，让每位教师在各自的发展平台上更进一步是摆在学校领导面前的一个亟待解决的问题。在此背景下，淮北市LY小学秉持"科研兴校"理念，积极探索教师发展之道，通过在职教师继续教育与校本教研与培训，构建教师发展平台，助推教师(特别是年轻教师)专业发展，力求培养一支教育理念先进、业务能力精湛、专业素养高、综合能力强、富有创新意识的教师队伍。

一、LY小学青年教师专业发展制度及实施方案

（一）教师专业发展工作制度

1. 领导听课和深入教研活动制度

LY小学选送优秀教师参加高层次进修，做好骨干教师的选送和培训工作，组织全校教师分期分批参加上级组织的业务培训，努力做好校本培训的工作，包括学校自己组织的业务培训和教师的自我学习培训。校长、分管副校长、教务处主任和教科处主任深入课堂检查了解教学情况，平均每周听课不少于两节，在听课前要了解该节课的教学内容、教学目标、教学要求，必须有针对性地听课，并且要对所听的课做出评价，和任课教师交换意见以促进教学。

校领导积极参加每周一次的教研活动，掌握分管学科的教学和教研情况，及时发现问题、解决问题。引导教师从本校工作实际需要出发，学习教育理念，注重联系实际，加强对实践成果的经验总结。加强业务学习与研究，不断提高自身的理论素养，以身作则，理论联系实际，促进全校师生实事求是、崇尚学术、勇于创新、不断进取的校本教研风气。

2. 教研组（长）校本教研制度

教研组是学校落实教学工作，开展教学研究和提高教师业务水平的重要组织之一，教研组长在校长、教务处、教科室领导下负责组织领导本学科有关教学研究的全部工作，组织教师学习本学科课程标准，明确本学科教学的目的、任务，讨论并确定分年级教学要求，组织领导全组教师制订学期工作计划，年级教学进度计划，教学科

研计划和第二课堂活动计划并严格执行。

积极开展教学研究活动，根据教学实际，围绕学校教科研课题确定教研组、备课组和个人每学期的研究课题，有计划地开展研究与交流汇报，组织教学研究课、公开展示课，及时总结、交流，推广教学经验，撰写经验论文。大力抓好本学科教师的教学工作，督促备课组长组织本学科教师，认真钻研学习本学科课程标准、教材，探索教法和学法，认真备课、规范教学。

组织每周一次的教学研究活动，主要内容有组织备课组备课，检查教案，研究解决教学疑难问题，提出解决问题的措施和方法，开展积极备课、安排公开课等。每学期开展一次组内观摩评论活动，研究教材教法和学生学法，交流经验、提高教学质量。开学时制定教研组工作计划，并认真组织实施，期中要协助学校检查落实情况，期末做好工作总结，定期向学校领导和教师汇报工作，真正创建严肃活泼、刻苦钻研、文明和谐的教研组。

3. 备课组（长）校本教研工作制度

备课组长在教研组长领导下，负责年级备课和教学研究工作，努力提高本年段学科的教学质量。组织教师认真的学习教学大纲、学科教材和教法，认真贯彻教研组计划。组织制定年级学科教学进度计划、教研专题、进修计划，拟定周教学进度表，报财务处备案并组织实施。按照学校工作计划和教研组教学工作计划，制定本年级本学期的教学计划，组织备课组教师在个人独立备课的同时进行集体备课，每周至少集体备课一次。

做好学科期中、期末的复习、出题、考试、评卷、成绩统计和质量分析评价等工作。积极开展课题研究活动，认真落实本组教科研课题，以教学科研促进教学质量的提高。积极探索校本课程、综合实践活动课程的开发与实施方案，逐步建立并稳定本学科有特色的课程。抓好本学段活动课和研究性学习课教学，有针对性地培养学有余力、学有特长的学生，并做好差生的转化工作，真正大面积地提高教育质量。

4. 教师校本教研制度

教学研究是提高教学质量、教师素养的重要手段，教师是开展校本教研工作的承受者和受益者，是开展教研活动的出发点和归宿，教师参加教研活动的质量影响到校本教研活动的质量和水平。因此，LY 小学为了让青年教师在活动中不断成长，不断提高自己的业务水平和能力，制定了相关的教师校本教研制度。要求青年教师认真参加学校各级教研活动，态度端正，积极认真地完成学校、教研组交给自己的任务，认真参加听课、说课、评课活动。在教学实践的同时，要坚持做到"六个一"，即：每年至少读一本教育教学理论著作，至少确定一个教学研究课题，至少上好一堂教学公开课，完成一份心理和德育渗透教案，撰写一篇以上教研论文或总结。

每位教师都必须要熟悉课程标准（教学大纲）、教科书及教辅资料，认真制订一学期的授课计划，这样才可以把握好课程标准和教材要求，备好课、制定教案。备课时，既要备知识能力点，又要备情感态度价值观的渗透点；既要备有效教法，又要备学法指导；既要备书面练习、作业，又要备实验实践材料。认真进行教学反思与总结，实验教师原则上要求每月一反思，每半学期一总结，反思总结材料以打印稿的形式交于学校存入教师工作档案。

（二）教师专业发展培养方案

1. 互帮互助

LY小学将教师校本培训纳入课改系统工程和学校发展规划，校领导高度重视，亲自参加教师培训和教育科研，并要“三带头”（校长带头参加培训，带头运用现代教育技术，带头研究教改和教学）。学校统筹安排培训、经费筹措、教研、课改、人事奖惩等。在此基础上，充分发挥学校教师的智慧与力量，以互动、交流、合作等形式开展校本培训。以校为本的教师培训和教学研究，同时聘请各方面专家深入到基层学校，针对学校的实际情况，在对教师的教学进行诊断与评价的基础上实施培训和教研指导。

2. 参与式培训

以校为本的教师培训和教学研究模式的关键首先是要转变主持培训者的教学观念，确立培训者与被培训者平等合作的关系，培训者要从过去居高临下“传授”新知识、新理念的角色，转变为教师培训项目的组织者、向导、参谋和学习伙伴的角色，主讲教师与参加培训的教师共同合作进行探讨研究。

3. 信息技术与学科教学整合

教师的信息技术培训要体现学科整合的思想，信息技术不仅仅是学习的对象，而且是重要的学习工具。因此，不仅要让教师体会到信息技术渗透到各学科教学中去的理念，还要提供具体可行的操作程序，帮助每一位年轻教师将信息技术整合到自己的日常教学活动中去。LY 小学建立校本信息网络教研平台，配合以校为本的教师培训和教学科研，学校组织教师和学生在“校园网”“教育信息网”上获取信息资源，使校园网成为学校教师培训和教科研的资源平台。

4. 案例教学

帮助教师掌握教学方法的最佳方案是通过案例，让年轻教师理解和模仿。培训中采用的案例可以借鉴国外的教学改革案例，也可以是国内和本校教师自己的教学案例。年轻教师通过观摩和研究案例，引发其专业理念、专业思想和专业认知方面的冲突，进而达到理解、融会贯通的目的。

5. 研究反思式培训

LY 小学鼓励年轻教师结合自己的教学工作进行研究性学习，改变过去教师培训理论脱离实际的弊端，参加培训的教师要动手操作，紧密结合自己的教学实践研究问题，通过观察和收集数据，对数据进行整理分析，自行获得问题的解决方法和结论。参训教师在培训活动中对自己以往熟悉的传统教学理念、教学方法进行反思，例如将以课件制作和传递知识为中心的运用教育技术的模式，与以学生为中心的研究性学习对比，从而自己总结和发现过去教学中存在的问题。

6. 资源型培训

教育资源是最宝贵的财富之一。LY 小学充分发挥学校长期积累的教研队伍和课程资源方面的优势，在本校教师培训中发挥积极作用。另外，教育信息化的发展已经为教师的培训提供了丰富的信息资源，LY 小学在校本教师培训中要求参训教师能够快速获取和有效利用各类电子信息资源进行教学设计，这些电子信息资源包括教育改革文献资源、学科相关的参考资料、教案范例、学生电子作品范例等。

校本教研制度的建立和校本教师培训方案的形成，校本教研、培训活动在 LY 小学的深入展开，已经使 LY 小学的校本教研培训初具特色，渐成模式。在此基础上，LY 小学还将继续完善相关制度，深化校本教研、培训工作，逐步将学校建成具有浓郁研究氛围的学习型校园。

二、LY 小学青年教师培养成果

（一）积极组织专业培训

（1）继续教育培训。学校积极组织教师参加继续教育培训和省、国家级各学科国培计划以及安徽省基础教育平台的远程培训。2014 年，LY 小学共派出郑 SH、李 N、张 WH、韩 D、刘 LT 等十多名骨干教师及年轻教师参加各类国培，虽然排课艰难，但是参训教师通过各种培训聆听专家讲座，汲取教育教学新理念，深入学习教育教学理论，撰写学习心得，在校进行组织交流，使参加培训的教师学有所获，达到了“一人学习，集体受益”的效果。

（2）外出观摩培训。LY 小学努力创造机会外出听课学习，积极响应上级主管部门的号召，积极组织各学科多位教师先后到厦门、桂林、滁州、郑州、合肥、北京、上海等地参加语文、数学、英语、常识课的学习、观摩和培训。这样的活动开阔了教师的视野，增长了教师的知识面，转变了教师的教育教学思想。外出参加培训的教师这样说:“外出培训,我们不仅带回来了专家的经验做法,还带回来了先进的思想,这才是最重要的!”

(3) 校本课程培训。发挥学校资源优势,认真开展校本培训。虽然LY小学建校仅十几年,教师七十多人,但已经培养出一大批的国家级、市级教学名师。2014年,学校涌现出省特级教师一名,省教坛新星两名,市骨干教师、学科带头人五名,有五人曾代表安徽省参加过全国课堂教学比赛,而代表淮北市参加过安徽省教学比赛和展示的有二十余人次。这些教师有着先进的教学理念和扎实的课堂教学能力,这是学校宝贵的教育资源。因此,学校充分发挥这项优势,每学期初都会组织这些校园名师对教师进行校本培训。LY小学的开学时间总是最早的,但是教师们都满怀热情。2013年,学校组织张WH、韩D、吴SY、赵N等教师开设教学教法、书法、阅读与写作等专题业务培训,这样的基于校本的集中培训很受教师们的欢迎。

(二)“青蓝工程”以老带新

为了使青年教师脱颖而出、早日成才,以促进教师队伍专业化的建设,LY小学于2011年启动了“青蓝工程”。在学校的建议下,青年教师选择有经验的老教师进行师徒结对,形成一对一的言传身教。经过几年的努力,一大批青年教师快速成长,并且向骨干、名师型教师方向发展,有的甚至走上了管理岗位。LY小学青年教师孙YY刚进校时拜省“教坛新星”、淮北市数学首席名师——韩D为老师,韩老师不遗余力、悉心辅导,手把手地教她备课、上课、反复磨课,使孙YY在短短几年时间有了“化茧成蝶”的蜕变。2014 年 5 月孙 YY 获得淮北市小学数学课堂比赛一等奖，2014 年 11 月又代表淮北市参加省学课堂比赛，获得一等奖。

（三）聚焦课堂，锤炼专业技能

课堂教学是校本教研的主阵地，是提升教师专业发展的关键所在。为此，LY 小学强化课堂教学研讨，推行“四课”制度，锤炼教师的专业技能，促进教师的专业发展。

第一种是推门课。也就是校领导不打招呼听课。这种听课活动贯穿于教学始终，目的是对教师们的日常教学进行监督、检查与指导，从而促进常态课优质化。

第二种是示范课。主要是让骨干教师和学科带头人上课，每学期学校都组织开展“校园名师示范课”的活动，充分发挥骨干教师的辐射作用，达到以点带线、以线带面的目的。在骨干教师的引领下，其他教师的教学水平也有不同层次的提高。

第三种是评优课。在校内开展优质课竞赛，“LY 新秀”、LY 小学教师素养大赛。2014 年根据市教育局的要求开展了“一师一优课”活动，学校教师不分年龄，全员参加，大家都非常重视，想方设法地备课、制作精美课件，将自己最优秀的一面展示出来。学校评选出优秀案例，请专业摄影师录课、制作精美光盘，送到教育局。“一师一优课”的学科涵盖语文、数学、音乐、体育、美术，共制作报送十多节精品课例。

第四种是同组听课。学校每学期都进行同组听课互评。由于同组教师所讲授的内容相同，通过互相听课可以取长补短，听课之后再评课，从而达到了共同提高的目的。

这些活动的开展促进了教师间相互学习，逐渐形成自己的教学风格，形成“人无我有，人有我优，人优我精”的精品意识，为当好教学的组织者、引导者、促进者奠定了良好的基础。

（四）磨课活动，构建发展绿色通道

磨课，就是认认真真地推敲、打磨课。磨课活动，为执教者和观课教师相互交流、共同进步提供了平台。同时，对于备课组成员及观课者来说，也都会获取一笔不小的财富。从备课开始，大家就群策群力、团结合作，集众人的教学智慧勾勒出总体的教学脉络。在一次次的课堂实践中，大家的设想、环节、方法、技巧、预期的教学效果都得到了检验。一次次调整方案，也就是在不断地接近教学真谛。因此，磨课过程也是所有参与者教学技艺得到锤炼、提高的过程。LY 小学分学科成立不同的磨课组，分别由张 WH 校长、韩 D 校长、盛 B 校长担任组长，组织大家参加磨课活动。一年多以来先后组织成立以邱 LN、郝 Y、黄 WY、孙 YY 等为授课教师的磨课小组。组长带领授课教师和学科教师磨目标、磨细节、磨学生，带领大家观摩课例、学习理论、专家指导，组织反复研讨。在研讨中，大家紧紧围绕主题发表见解、提出建议，也在磨课中成长。该校青年教师黄 WY 对磨课过程有这样的感触：“课是在不断地放下和上升中走向完美的，每一次放下都是痛苦的，每一次上升都是快乐的，生命因此不断走向圆满。”同样，LY 小学也在这种朴素而扎实的校本教研中悄然前行。

（五）名师相伴，提升教师成长

淮北市教育局成立“淮北教育名师工作室”，其中语文、数学学科工作室均以LY小学张WH校长、韩D校长教师挂牌命名成立。这也彰显了该校的教科研实力，也成为青年教师快速成长的摇篮。

两个工作室积极搭建学术交流平台，开展学科教学研究和指导工作，改进教育教学方法，提高教育教学工作效率，集中指导培训青年教师，探究塑造名师的方法和途径，带动了该校更多教师成长为名师，同时也辐射了周边及外地学校教师的共同成长。几年来，张WH、韩D、王QY等老师多次在学校、全市作观摩课，并受邀在北京、南京、杭州等十余个地市作观摩课或讲座。

通过以上实践，有效地促进了教师的专业发展。同时，教师的成长也促进了LY小学的迅速发展。通过不懈的努力，多名年轻教师的课堂教学均获得淮北市课堂教学一等奖，黄WY在安徽省小学语文“阅读与表达”课评比中获得一等奖，孙YY在安徽省小学数学课堂教学评比中获得一等奖。数十位教师撰写的教研论文先后在国家级、省级、市级发表并获奖，LY小学因此被授予“安徽省小学语文校本教研工作基地学校”称号。

三、LY小学青年教师培养仍存在的问题

通过校本培训，教师在自身教学水平、学识能力、师德修养等方面得到了提高，成了骨干教师、学科带头人。但是，这其中仍存在一些问题及不足。首先，培训过程原始资料还不够齐全，资料的整理、归类不够规范，还不擅

于对资料进行分析，从中总结工作中的经验、发现存在的问题；其次，校本培训的项目意识不强，还不能根据学校发展的实际需要、教师发展的需要制定切实的校本培训项目，使得整个培训工作显得较为盲目，缺乏针对性；再次，校本培训的方式还比较单一，就目前来说，开展校本培训的方式仍然是单一的讲授形式，在一定程度上影响了教师参与培训的积极性；最后，教师理论学习的自觉性不强，对教育教学的反思力度不足，仍要加强督促。

淮北市LY小学努力构建教师专业发展平台，帮助教师健康、快速成长，其各项举措为全校教师带来了巨大福利，同时也为其他兄弟院校的教师专业发展提供了重要的借鉴。

案例思考题

1. LY小学是在怎样的背景下提出教师专业发展规划的？

2. LY小学为提高教师专业发展制定了何种制度方案？

3. LY小学在教师培养中取得了哪些成果？

4. LY小学的教师培养方案是否完善，是否仍存在未解决的问题？